AF368905

CENT CINQVANTE
PSEAVMES DE DAVID,

NOVVELLEMENT MIS EN MVSIQVE
A QVATRE PARTIES, PAR
C. GOVDIMEL.

CONTRA.

PAR PIERRE DE SAINT-ANDRE.

M. D. LXXX.

A MONSEIGNEVR,

MONSIEVR ROGER DE BELLEGARDE,

GENTILHOMME ORDINAIRE DE LA

CHAMBRE DV ROY,

C. GOVDIMEL.

ODE.

Omme iadis les poëtes,
Les Sybilles & Prophetes,
Remplis d'vn diuin esprit,
Au Dieu des dieux le pl' sage
En commencerent l'ouurage
Qu'ils coucherent par escrit:

Ainsi moi dont la poitrine
Se meust, s'eschauffe & mutine
Par mains accords bien reduits,
A toi qui es l'Accord mesme,
Ie presente le proëme
De l'œuure que ie conduis.

OEcuure porté fur les ailes
Des louanges immortelles
Du Dieu iadis adoré
Par la troupe fugitiue,
Qui vit la deferte riue
Du pays tant defiré.

Car comme la renommee
De la Harpe d'Idumee
S'efpand dedans l'vniuers,
D'autant qu'vn Roi plein d'adreffe
A la corde chantereffe
D'aigna marier fes vers:

Ainfi cefte melodie,
Faite beaucoup plus hardie,
Ira fuyuant pas à pas
De ces louanges facrees
Les routes plus affeurees
Contre l'oubli du trefpas.

Tellement que la nobleffe
De cefte antique Deeffe
Iointe à fon premier bon-heur,
Au lieu d'amours & de noifes
Dedans les bouches Françoifes
A recouure fa grandeur.

C'eft cefte mefme nobleffe
Pour qui l'on dit qu'en la Grece
D'vn feul nom eftoient nommez
Les annonceurs des prefages,
Les Muficiens, les fages,
Et les poëtes eftimez.

Cefte grandeur recouuerte
Rendra fa ville deferte
Où regnent les voluptez:
Et la Mufique diuine
Seruira de medecine
A toutes aduerfitez.

A   ij

Car comme les Platoniques
Pensent que les Republiques
Et Royaumes terriens
Changent, ainsi que se change
L'entresuitte & le meslange
Des accords Musiciens:

Ainsi cest accord celeste,
Qui poursuit & qui deteste
L'empire de Cupidon,
Fera que verrons changee
D'amour la flamme enragee
En vn celeste brandon.

Qui est-ce donc qui merite
De ces Accords la conduite
Sinon vn qui soit né tel
Que la discrete sagesse,
La vaillance & la noblesse
Doit vn iour rendre immortel?

Ce sera toi, Bellegarde,
Que Dieu de son œil regarde,
Qu'vn roi cherit de faueur,
Que toute la France honore,
Que ie prise, & qui encore
As du tout gaigné mon cœur.

Vi au conseil des malins n'a e-
fté, Qui n'est au
trac des pecheurs arresté, Qui des moqueurs au banc place n'a prise: Mais nuit & jour   ij.   la Loi contemple & prise De l'Eternel, & en est de-
sireux: Certainement   cestui-la est heureux.   Certainement cestui-
la est heureux.

A iij

Bien heureux celui, dont les cõmises Trãsgressions sont par grace remi-
ses!Duquel aussi   ij   les iniques pechez Deuant son Dieu sont couuerts & ca-
chez!O cõbiẽ plein   ij   de bon-heur ie repute L'homme, à qui Dieu son peché point n'im-
pu-   tel Et en l'esprit duquel n'habite point,   ij   D'hypocri-

sie & de fraude vn seul point.
I est ce que Dieu est tres-
doux A son Israel, voire à tous A. ii.
Qui gardent en toute droiture, Leur
conscience entiere & pure. Mais i'ai esté tout prest à voir
Mes pieds le bon chemin laif-
ser. Et mes pas tellement glisser, Et. ii.
Que me suis veu tout prest de choir

V malin le meschant vouloir Parle en mõ cœur & me fait voir Qu'il n'a de
Dieu la crainte: Car tant se plaist   ij.   en son erreur,   Que l'auoir en hai-
ne & horreur, C'est biẽ force & contrain-   te.Son parler est   nuisant   &
fin: Doctrine va fuiant, à fin De iamais bien ne faire: Songe en son lict   meschanceté,Son.

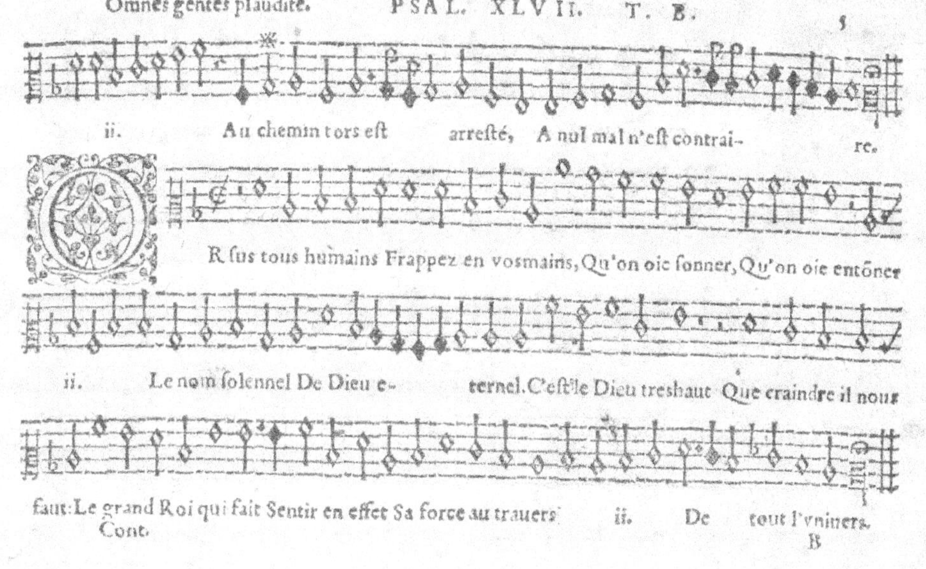
ii.　Au chemin tors est　arresté,　A nul mal n'est contrai-　　re.
R sus tous humains Frappez en vosmains, Qu'on oie sonner, Qu'on oie entôner
ii.　Le nom solennel De Dieu e-　ternel. C'est le Dieu treshaut Que craindre il nous
faut: Le grand Roi qui fait Sentir en effet Sa force au trauers　ii.　De　tout l'vniuers.
Cont.

B

Eigneur, le Roi s'esiouira   D'auoir eu deliurance   Par ta grande puif-
san-   ce. O combien ioieux il fera,   D'ainfi foudain   fe
voir D'ainfi foudain   fe voir Recoux par ton pouuoir!

Quid gloriaris in malitia?   PSAL. LII.   T. B.   6
I moi, mal-heu-   reux, qui te fies   En ton authorité,
D'où vient que tu te glorifi-   es De ta   meschan-   ce-
té? Quoi que soit, de Dieu le secours A tous les iours son   cours.
B ii

Ve Dieu se monstre seulement, Et on verra soudainement Abandonner
la pla-   ce Le camp des ennemis espars, Le.   ii   Et ses haineux de toutes parts Fuir deuant sa face: Dieu les fera tous s'enfuir, Ainsi qu'on
voit s'esua-   nouir Vn amas de fumee: Comme la cire aupres   du

seu. Ainsi des mes- chans deuant Dieu La force est consume- e. Ain-
Seigneur, loué sera, Loué sera ton renom: Car la gloire de ton nom Pres de nous s'approchera: Et de nous seront chantez Les hauts faits de tes bon- tez.

B iij

'Eternel est   regnant, La terre maintenant En soit
ioieuse & gaye,   Toute Isle   s'en esgaie.   Espesse obscurité   Cache sa
maiesté: ii.   Iustice &   iugement Sont le seur fondement   De son throne arres-   té.

Vs, qu'vn chacun de nous sans cesse Loue du Seigneur la hautes-
se. Que son saint nom soit reclamé,   Soit en-   tre les peuples semé
Le renom grand & pretieux, & precieux   De tous ses gestes glo-   rieux.

Ncontinent   que i'eus ouy, Sus allons le lieu visiter Où le seigneur veut
ha-   biter; O que mon cœur s'est res-   iouï!   Or en tes porches entrerôt
Nos pieds, & seiour y feront,   Ierusalem la bien dresse-   e: Ierusalem   Ierusalem   qui t'entretiens Vnie auecques tous les tiés, Côme cité bié po- lice-   e.

Ecce quàm bonum.   PSAL. CXXXIII.   T. B.

Combien est plaisant & sonhaitable,   De voir ensemble en concor-

de a-   miable, Freres vnis s'entre-   tenir!   Cela me

fait de l'onguent souuenir   Tant precieux,   ii   Dont perfumer ie voi Aaron

le Prestre de   la   Loi.
Contr.

C

Hantez de Dieu le renom, Vous seruiteurs du Sei-
gneur: Venez pour lui fai- re honneur Vous qui auez eu ce don D'eſtre habitans au
milieu Des paruis de no- ſtre Dieu.

L faut que de tous mes esprits Ton los, & pris l'exalte, & pri-
se: Deuant les grans me presenter Pour te chäter l'ai fait emprise.   l'ai fait em-
pri-   se. En ton saint temple adorerai, Celebrerai   ij   Ta renomme-
e, Pour l'amour de ta gräd' bon-   té Et feauté   Et feauté   Tant estime-   e.

C ij

Laudate Dominum in sanctis.   PSAL. CL.   T. B.
R soit loué l'Eternel   De son saint lieu supernel, Soit, di-ie, tout
hautement Loué de   ce firmament Plein de sa magnificence. Louez-le
tous ses   grans faits, Soit loué de tant d'effets, Tesmoins de son excellen-   ce.

Ous tous Princes & seigneurs, Remplis de gloire & d'hôneurs, 11
Rendez, rendez au Seigneur Toute force & tout honneur. Faites
lui reco- gnoissance Qui responde à sa puissan- ce. En sa demeu
re tressainte Ployés les genoux en crain- te.

C iij

Domine, quàm multiplicati?   PSAL III.   C. M.

Toi, mõ Dieu, mõ cœur mon-   te,   En toi mon es-   poir
ai mis, Fai que ie ne tõbe à hon-   te.   Au gré de mes en-
nemis. Honte n'auront voirement   Ceux qui deſſus toi s'appuient: Mais bien ceux qui du-
rement, Mais.   ii   Et ſans cauſe des ennui-   ent.

Eba contre mes debateurs, Comba, Seigneur, mes com-　ba-
teurs, Empoigne moi bouclier & lance, Et pour me secourir t'auance. Charge les, & mar-
che au deuant, Char. ii Garde les d'aller plus a-　uant. Di
à mon ame, Di à mon ame, ame ie suis, Celui qui garentir te puis.

Insi qu'on oit le cerf bruire, Pourchassant le frais des   eaux: Ain-
si mon cœur qui souspire,   Seigneur, apres tes ruisseaux, Va tousiours criant, suiuant,
Le grand, le grãd Dieu viuant, Le.   ii   Helas donques quand sera-ce
Que verrai de Dieu la face?

Contr.   D

Iudica me Deus.
FSAL. XLIII.
C. M.
R
Euenge   moy, pren la   querelle De moi, Seigneur, par ta mer-
ci, Contre la gent   fauſe & cruelle: De l'homme rempli de cautel-
le,   Et en ſa malice endurci,   Deliure moi auſſi.

Euples oi-	ez, & l'aureille preſtez, Hommes mortels	qui le mon-
de habitez,	Des plus petits	ii	iuſques aux plus puiſſans. Riches hautains & poures lan-
guiſſans: Sages propos ma bouche annōcera, Graues diſcours	ii	mon cœur entame-
ra: A mes beaux mots l'aureille ie veux tendre, Et ſur mon luc grād's cho-	ſes vous apprendre.

D ii

Dieu tout puissant sauue moi
Par ton nõ & force immortel-
ie, Et pour defendre ma querel-
ie,
Fai sortir la force de
toi.
Oy l'oraison que ie ferai, Plaise toi l'aureille me tendre, O Eternel, à fin d'en-
tendre
Tous les mots que ie te dirai.

O Dieu treshaut:mais quãd la mort　me preſſe,En toi mõ eſpoir i'ai.　ii

D iii

Deus repulisti nos.   PSAL. LX.   T. B.

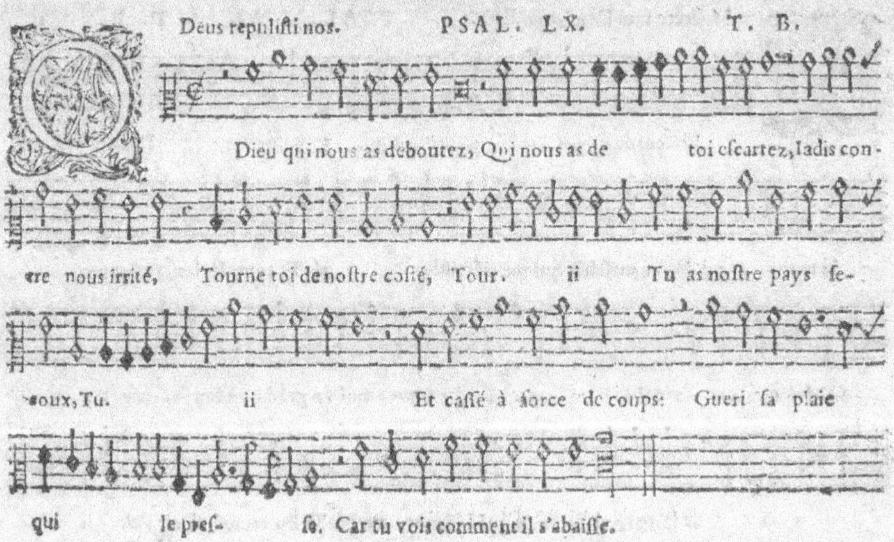
Dieu qui nous as deboutez, Qui nous as de   toi escartez, Iadis con-
-tre nous irrité,   Tourne toi de nostre costé,   Tour.   ii   Tu as nostre pays se-
-soux, Tu.   ii   Et cassé à force de coups: Gueri sa plaie
qui   le pres-   se. Car tu vois comment il s'abaisse.

R sus louez Dieu tout le mon- de, Chantez le los de son re-
nom Châtez si haut que tout redon- de De la louan- ge de son
nom. Dites, ô que tu es terri- ble, Seigneur, en tout ce, que tu
fais. Tes haineux, tant es invincible, Te flatent pour auoir la paix.

Quàm dilecta tabernacula.   PSAL. LXXXIIII.   T. B.
Dieu des arme- es, combien Le sacré taberna-
cle tien Est sur toutes choses aima- ble. Mon cœur languit, mes sens rauis De-
faillent apres tes paruis, O Seigneur Dieu tresdesirable, tresdesirable. Bref,
cœur & corps vont s'es- leuans, Iusques à toi grãd Dieu viuant.

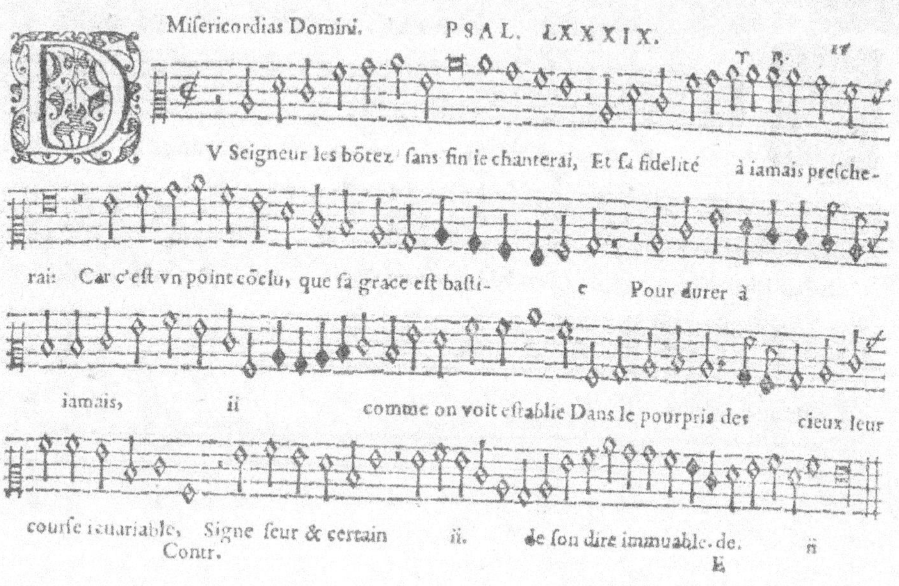
V Seigneur les bôtez ſans fin ie chanterai, Et ſa fidelité　à iamais preſche-
rai: Car c'eſt vn point côclu, que ſa grace eſt baſti-　　e　Pour durer à
iamais,　　ii　　comme on voit eſtablie Dans le pourpris des　　cieux leur
courſe icuariable,　Signe ſeur & certain　　ii.　　de ſon dire immuable. de.　　ii
Contr.　　　　　　　　　　　　　　　　　　　　　　　　E

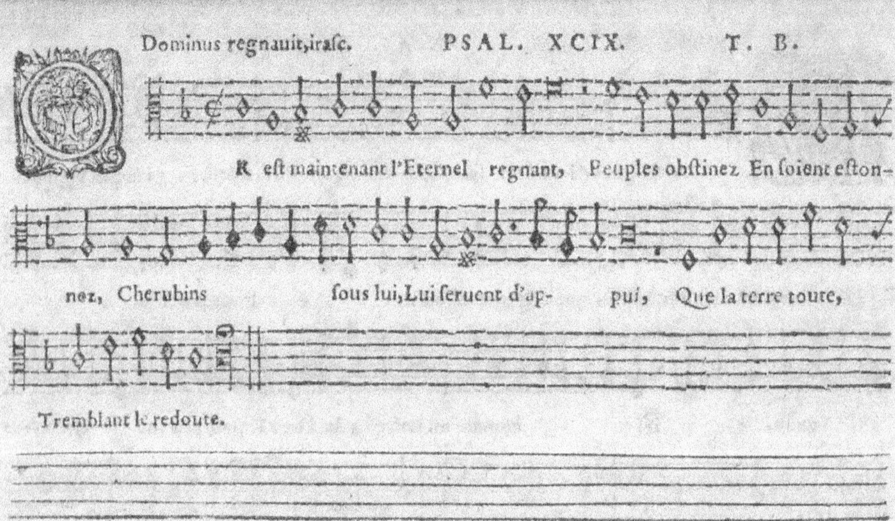
R est maintenant l'Eternel   regnant,   Peuples obstinez En soient eston-
nez, Cherubins   sous lui,Lui seruent d'ap-   pui,   Que la terre toute,
Tremblant le redoute.

Ouloir m'est pris de mettre en escritu-
re Pseaume par-
lant   ii   de bonté & droiture,   Et si le veux à toi mõ Dieu chanter, Et presenter.   ii

On cœur est dispos, ô mõ Dieu: Mõ cœur est tout prest en ce lieu De
te chanter tout à la fois　　Cãtique de main & de voix. Pſalterion　　reſueille toi,
Harpe ne demeure à requoi: Har.　　　ii　　　Car ie veux debout comparoiſtre
Dés que le iour viẽt apparoi-　　　ſtre, vient apparoiſtre.

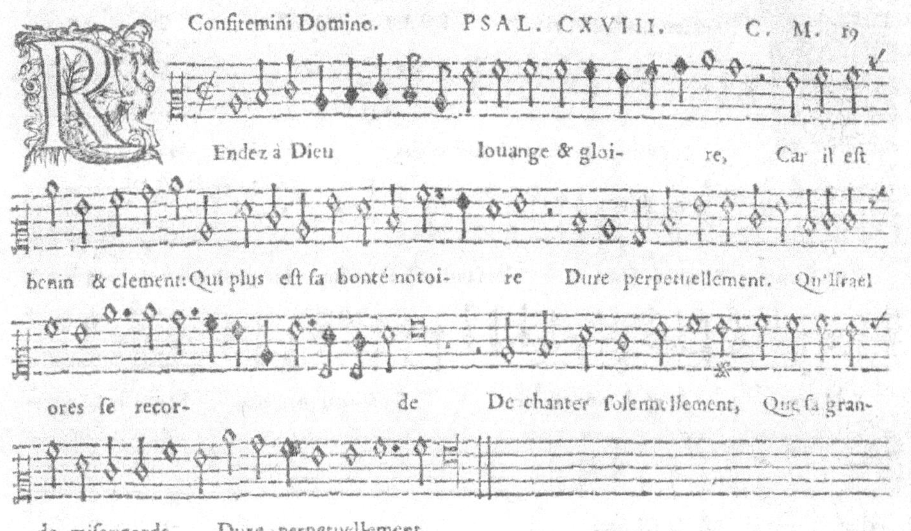
Endez à Dieu   louange & gloi-   re,   Car il est
benin & clement: Qui plus est sa bonté notoi-   re   Dure perpetuellement.   Qu'Israel
ores se recor-   de   De chanter solennellement,   Que sa grande misericorde   Dure perpetuellement.

E iii

Beati immaculati in via.   PSAL. CXIX.   T. B.

Ien-heureuse est la personne qui vit Auec entiere & saine
conscience, Et qui de Dieu les sainctes loix ensuit. Heureux qui met tout soin &
dil gen- ce A bien garder ses statuts precieux, Et qui de lui pour-
chas- se la science.

Toi ô　Dieu qui es 'à haut aux cieux Nous esleuons nos
yeux: Côme vn seruât qui pressé se voit estre N'a recours qu'à son maistre: N'a.
ii.　Et la seruante a l'œil sur sa maitresse,　Vers nostre Dieu nous regardons ainsi, nous regardons ainsi,　Attendans sa merci.

R peut bien dire Israel main-				tenant, Si le Seigneur pour
nous n'eut point esté, Si le Seigneur nostre				droit n'eut porté, Quãd tout le mõde à
grãd' fareur venant, à grãd' fureur venant Pour nous meurtrir, dessus nous s'est ietté.

R sus seruiteurs   du Seigneur, Vous qui de nuit en son   hon-
neur Dedans sa maison le seruez, Ded.   ii   Louez le, & son nom esleuez.

Contr.   F

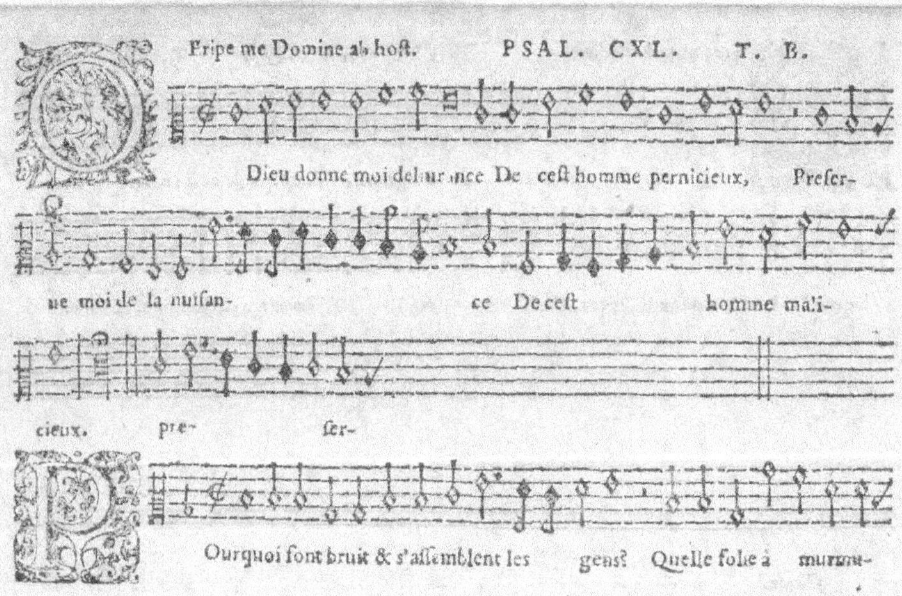
Eripe me Domine ab hoste.
PSAL. CXL.
T. B.
Dieu donne moi delivrance De cest homme pernicieux, Preser-
ue moi de la nuisan- ce De cest homme mali-
cieux. pre- ser-
Ourquoi font bruit & s'assemblent les gens? Quelle folie à murmu-

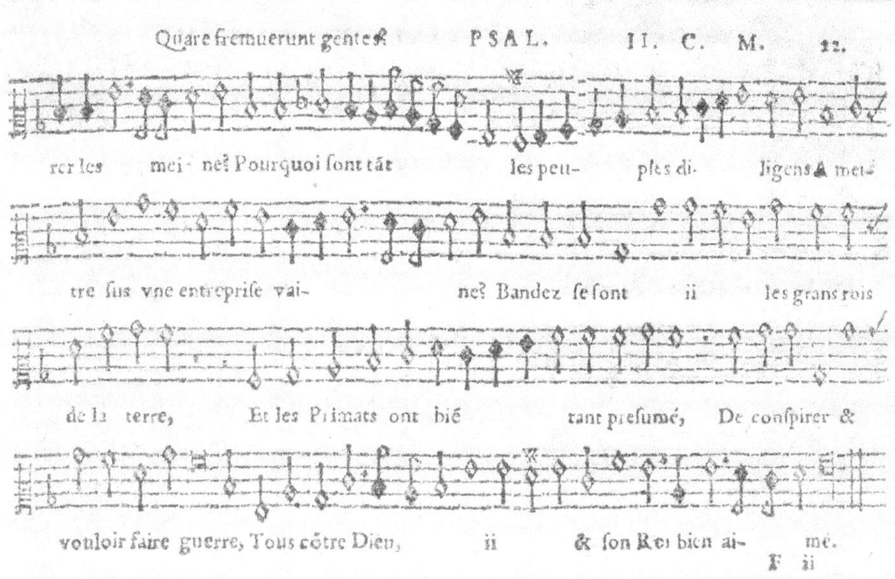
rer les   mei- ne? Pourquoi font tât   les peu-   ples di-   ligens A met-
tre fus vne entreprife vai-   ne? Bandez fe font   ii   les grans rois
de la terre,   Et les Primats ont bié   tant prefumé,   De confpirer &
vouloir faire guerre, Tous côtre Dieu,   ii   & fon Roi bien ai-   mé.

F ii

Vx paroles　　que ie veux dire, Plaise toi l'aureille pre-
ster, Et à conoistre t'arrester　　　Pourquoi mon cœur pen-
se & soupi-　　re, Souuerain Si-　　re.

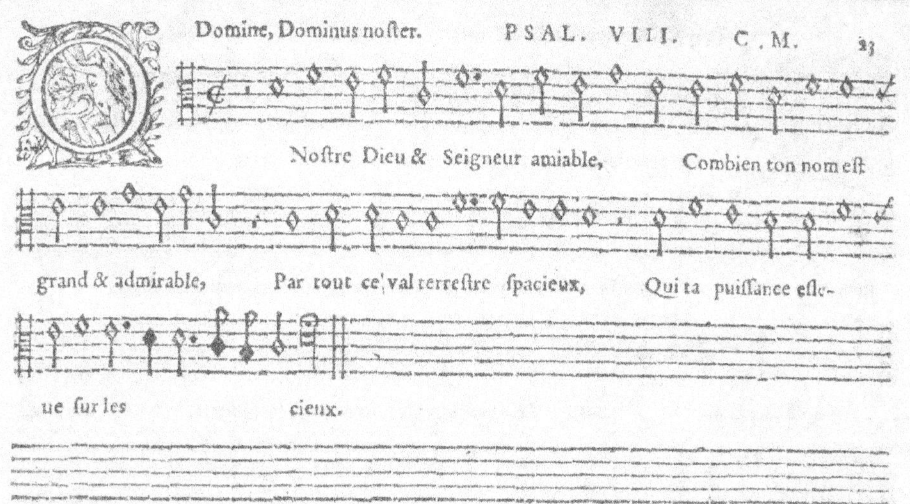
Noſtre Dieu & Seigneur amiable, Combien ton nom eſt
grand & admirable, Par tout ce val terreſtre ſpacieux, Qui ta puiſſance eſle-
ue ſur les cieux.

F iii

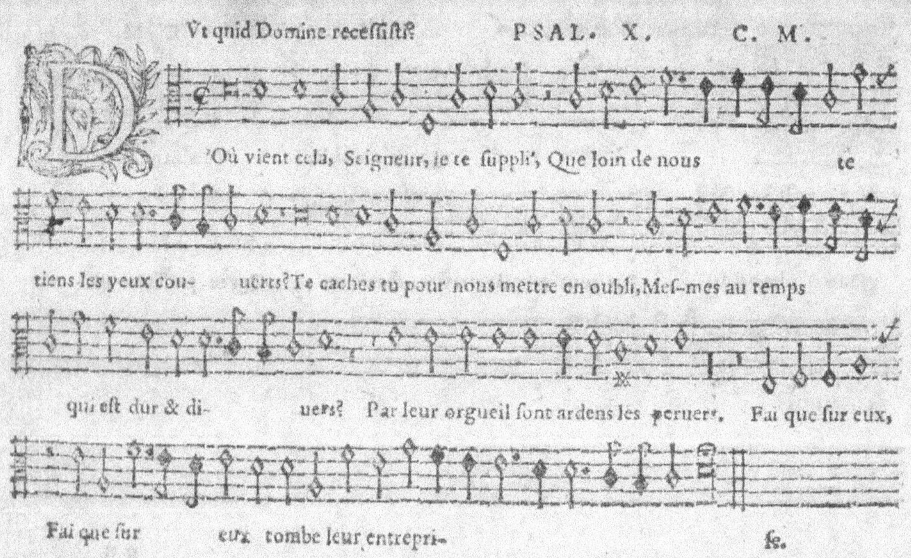
'Où vient cela, Seigneur, ie te suppli', Que loin de nous te
tiens les yeux cou—uerts? Te caches tu pour nous mettre en oubli, Mes—mes au temps
qui est dur & di—uers? Par leur orgueil sont ardens les peruers. Fai que sur eux,
Fai que sur eux tombe leur entrepri—se.

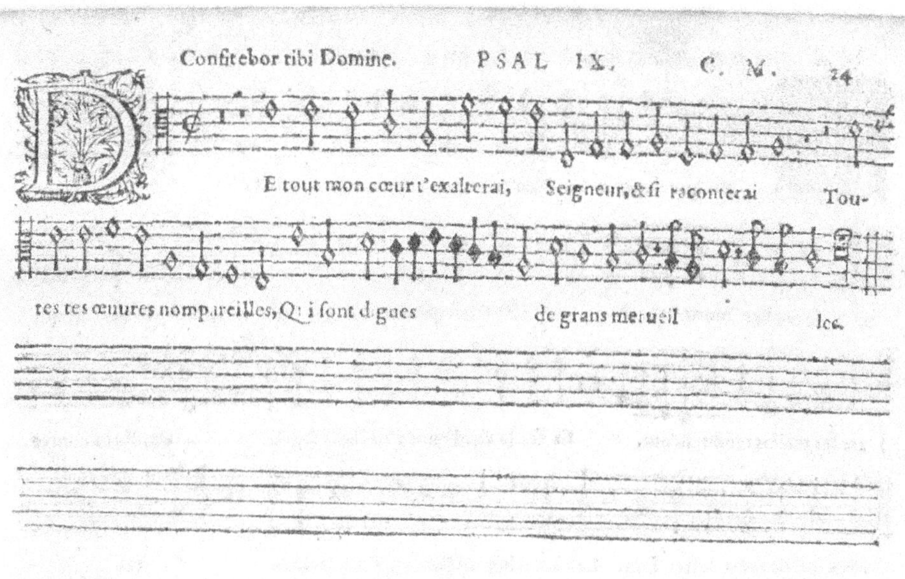
E tout mon cœur t'exalterai,   Seigneur, & si raconterai   Tou-
tes tes œuures nompareilles, Qui sont dignes   de grans merueil   les.

In Domino confido.　　PSAL. XI.　　　C. M.

Onne secours Seigneur,   il en est heu-   re: Car d'hom-
mes droits sommes tous de-   nuez: Entre les fils des hommes ne demeure   Vn qui ait foi, tant sont diminuez.   Vn qui ait foi tant sont diminuez.

Cont.   G

Vſques à quand as eſ-　tabli, Seigneur, de me mettre en ou-
blí? Eſt-ce à iamais? par combien d'aa-　ge Deſtourneras　tu ton viſage? Deſt.
ii.　De moi, las, d'angoiſſe rempli?

E fol malin　en fon cœur dit & croit Que Dieu n'eft point, & cor-
rompt & tenuer　　fe.　　Pas vn tout feul ne fait　　rien bon ne
droit, Ni ne voudroit.　　ii.

E Seigneur ta priere entende   En ta necessité,   Le Dieu de Iacob
te defen-   de En ton aduersité.   De son lieu saint en ta complainte,   A tes maux
il subuien-   ne. De Sion sa montagne saincte   Il te gard' & soustienne.   &
soustien-   ne.

A terre au Seigneur appartient,   Tout ce qu'en sa rôdeur côtient,
Et ceux qui habitent en el-   le: Sur mer fondement lui donna, L'enrichit
&   l'enuironna De mainte riuiere   tref bel-   le.

G iii

Eueillez vous chacun fidele,   Menez en Dieu i'oie o-   ren-
droit, Louange est   tresseante &   belle En la bouche de l'hôme droit. En.   ii.
Sur la douce   harpe Pendue en eschar-   pe,   Le Seigneur louez: De luts,
d'espiner-   tes,   ii   Sainctes chansonnettes A son nom iou-   ez.

A mais ne cef-   ferai De magnifier   le Seigneur, En ma bouche aurai fon
honneur,   ii   Tãt que viuant) ferai: Mon cœur plaifir n'aura,   ii.   Qu'à voir fon Dieu   glorifié,   Dont maint bon cœur hu-
milié   L'oiant   s'eftoñ-   ira

E sois fasché si durant ces te vie, Souuent tu vois pro
spere les meschans, Et des malins aux biens ne porte enuie: Car en ruine à la fin
trebuchans Seront fau chez comme foin en peu d'heure, Et secheront com
me l'herbe des champs.

Bien-heureux qui iuge sagement   Du poure en son tourment:
Certainement Dieu le soula-   gera, Quand affligé sera.   Dieu le rendra
sain & sauf, & fera Qu'encor' il fleurira: ii.   Point ne voudra l'expofer
aux souhaits, Que ses haineux ont   faits.
Cont.

H

Ropos exquis faut que de mon cœur sor-   te: Car du Roi veux dire et à son de sor-
te, Qu'à ceste fois   ma langue mieux dira   ii.   Qu'vn scribe prōpt de plume n'escri-
ra.   Le mieux formé tu es d'humaine ra-   ce: En ton parler gist merueilleuse
grace,   Parquoi Dieu fait   ii   que toute nation   Sans fin te loue en benediction.

'Est en sa tressainte cité   Lieu choisi pour sa sainteté, Lieu.
ii.
Sa gloire & sa magnificen-   ce.   La montagne de Sion, Deuers je Septentrion,   Ville au grand Roi consacrée,   Est en si belle   con-   tre-   e: Que la
terre vniuerselle,   Ne doit s'esiouir qu'en el-   le.

H ñ

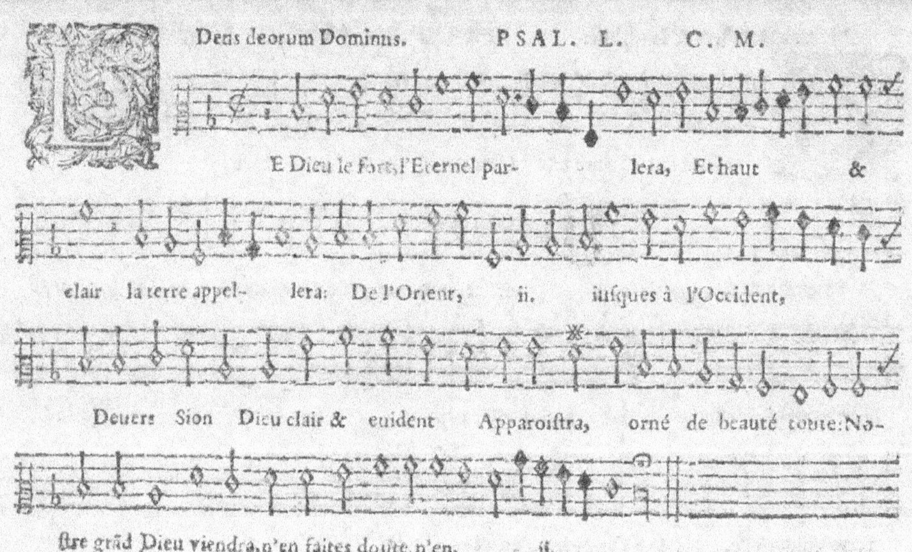
E Dieu le Fort, l'Eternel par-   lera,   Et haut   &
elair la terre appel-   lera: De l'Orient,   ij.   iusques à l'Occident,
Deuers Sion Dieu clair & euident Apparoistra,   orné de beauté toute: Nostre grãd Dieu viendra, n'en faites doute n'en,   ij.

LE fol malin en son cœur dit & croit Que Dieu n'est point & corrõpt & rĕ
uerse Ses mœurs, sa vie, horribles, faits exerce: Pas vn tout seul, ii. ne
fait'rien bon ne droit, Ni ne vou- droit.

Eripe me de inimicis.   PSAL. LIX.   T. B.
On Dieu l'enne-   mi m'enuironne, Ta bonté donc secours me donne, Garde moi des gens ir-   ritez, Qui dessus moi se sont   iettez. Deliure moi de l'ad-   uersai-   re, Qui ne demande
qu'à mal-fai-   re: Sauue moi des sanglantes mains De ces meurtriers tant inhumains.

On ame en Dieu tãt seul-　lement Trouue　tout son con-
tentement. Car　lui seul est ma sauue-gar-　de　Luy seul est
mon roc esleué,　　Mon salut ,mon fort esprouué,　De tomber trop bas ie
n'ai garde.

Ntens à ce que ie veux dire, Quand ie te prie, sauue
moi Quand ii Que de mes ennemis l'ef- froi Ne vienne
ma vie destruire, Souuerain sire. ii.

Ois entẽtif mon peuple à ma doctrine, Soit ton aureille entiere-
ment encline A bien ouir tous les mots de ma bouche. Car maintenant il faudra que ie touche Graues propos, & que par moi soient dits Les
grands secrets des œuures de iadis. Les

Contr.

I

Qui regis Israël.   PSAL. LXXX.   T. B.
Pasteur d'Israel escou-   te, Toi qui conduis la trou-
pe tou-   te De Ioseph, ainsi qu'vn troupeau. Monstre nous ton visage beau,   Toi
qui te sieds en ma-   iesté, Entre les Cherubins mon-   té.

V as esté, Seigneur, noftre retrait-	te, Et feur recours de ligne-
e en lignee: Mefmes deuant nulle montagne nee,	Et que le monde & la terre fut
faite, Tu eftois Dieu,	ii	defia comme tu es,	Et comme aufli tu
feras à ia-	mais.

Vi en la garde du haut Dieu   Pour iamais se retire,   Pour
ii   En vmbre bonne & en fort lieu   Retiré   se peut dire:
Conclu donc en l'entendemẽt, Con.   ii   Dieu est ma garde seu-
re, Ma haute tour & fondement, Sur lequel ie m'asseu-   re.

Que c'est chose belle   De te louer Sei-   gneur, Et du Tres-
haut l'honneur,   Preschant à la venue   Du matin ta bonté, Du matin ta
bonté, Et ta fidelité   Quand la nuict est venu-   e.

I ii

Benedic, &c. Domine Deus.   PSAL. CIIII.   C. M.
Vs, sus mon ame, il te faut dire bien De l'Eternel: ô mon vrai Dieu, côbien
Ta grãdeur est excellente & notoi-   re!   Tu es   vestu de splendeur & de
gloire: Tu es vestu de splendeur pro-   prement, Ne plus ne moins que d'vn accou-
stremét, Pour pauillõ qui d'vn tel Roi soit digne, Tu tens   le ciel ainsi qu'vne courtine.

Hantez à Dieu chanson nouuelle, Et sa louange solen-nel-
le   Des bons parmi la compagni-   e   Maintenant soit oui-
e.   Israël   s'esgaie en son cœur De l'Eternel   son createur: Et d'vn tel Roi
soient triom-   phãs De Sion les en-   fans.

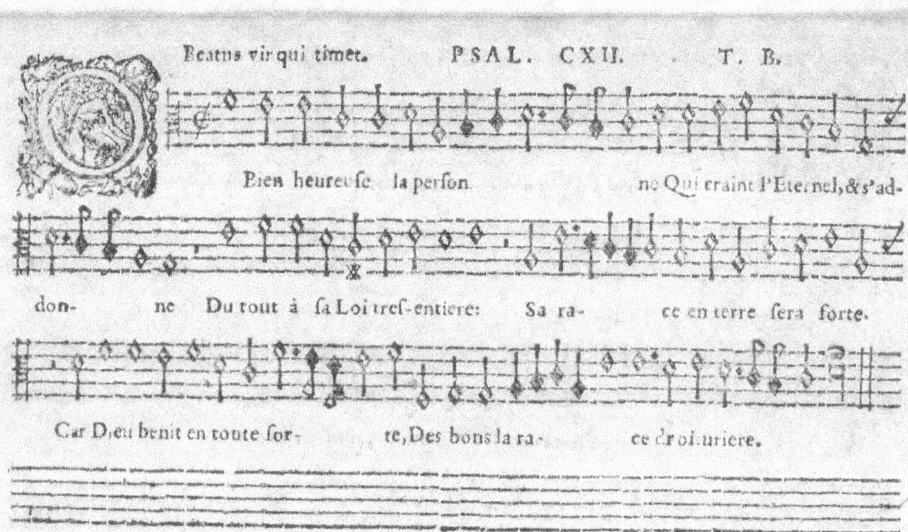
Bien-heureuse la person-
ne Qui craint l'Eternel, & s'ad-
don-
ne Du tout à sa Loi tref-entiere: Sa race en terre sera forte.
Car Dieu benit en toute forte, Des bons la ra-
ce droituriere.

Onnez au Seigneur gloire, Il est doux & clement, Il.
Et sa bonté notoire Dure eternellement. Du.
Ceux qu'il a rachetez, Qu'ils chantent sa hautes-
se, Et ceux qu'il
a iettez Hors de la main d'oppres-
se.
Cont.

In exitu Ifraël.   PSAL. CXIIII.   C. M.
Vand Ifrael hors d'Egypte for-tit, Et la maifon de Iacob
fe partit D'entre le peu-ple eftran-ge, Iuda fut fait, Iuda fut
fait la grand' gloire de Dieu, Et Dieu fe fit Prince du peuple Hebrieu, Prin. ij.
Prince de grand' louan-ge.

On point à nous, nõ　point à nous Sei-　gneur, Mais à ton nom.　ii

donne gloire & honneur, Pour ta grace & foi feu-　re. Pourquoi diroient les

gens en fe moquant, les gens en　fe moquant　Où eft ce Dieu qu'ils vont tât inuoquant? Où

eft-il　à cefte heu-　re?

Qui confidunt in Domino.   PSAL. CXXV.   T. B.
Out homme qui son esperan-   ce   En Dieu af-
seurera,   Iamais ne ver-   sera: Ainsi aura si grande asseurance,   Que
Sion montagne tref-ferme, N'est point plus fer-   me.

V Seigneur Dieu en tous endroits, Du.　ii.　En l'assem-
blee des plus droits　De chanter à Dieu couftumiere,　La gloire ie confesse-
rai　Et fa louan-　ge annoncerai, annoncerai, D'vne affection toute entie-　re.

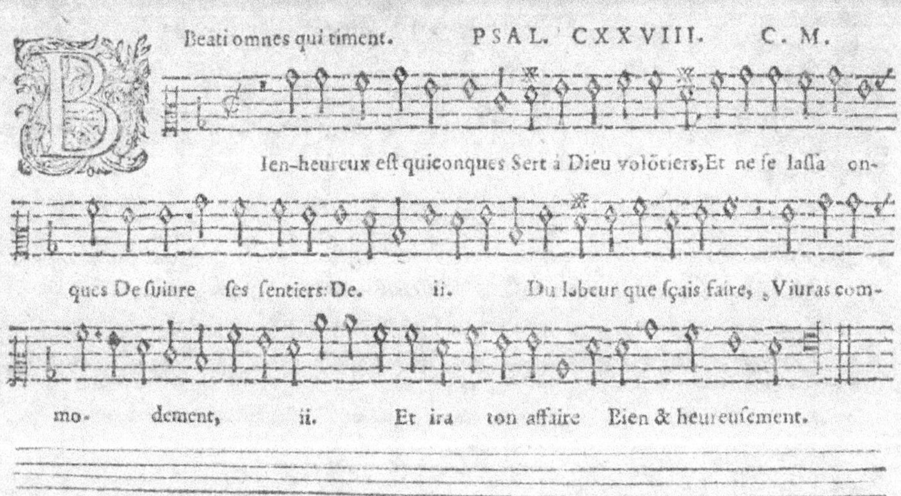
Ien-heureux est quiconques Sert à Dieu volôtiers,Et ne se lassa on-
ques De suiure   ses sentiers:De.   ii.   Du labeur que sçais faire, Viuras com-
mo-   dement,   ii.   Et ira   ton affaire Eien & heureusement.

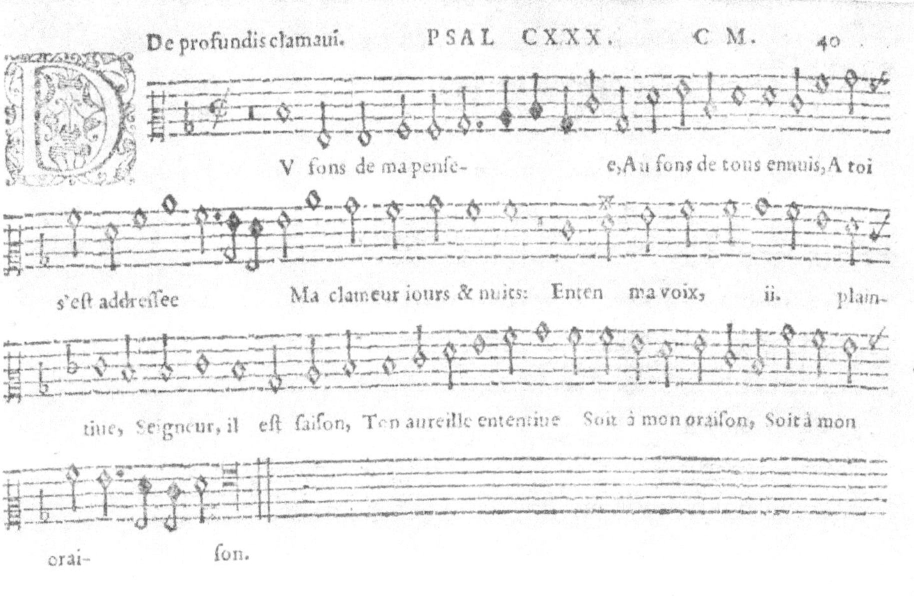

V fons de ma penfe-   e,Au fons de tous ennuis,A toi
s'eft addreffee   Ma clameur iours & nuits: Enten   ma voix,   ii.   plain-
tiue, Seigneur, il   eft faifon, Ten aureille ententiue   Soit à mon oraifon, Soit à mon
orai-   fon.

Eigneur Dieu, oy l'oraison mienne,   Iufqu'à tes aureilles paruien-
ne Mon humble fupplication: Selon la vraie merci tienne,   Refpon moi en affliction. en affliction.

Ieu nous soit doux & fauorable, Nous beniſſant   par ſa bonté,
Et de ſon viſage amiable   Nous face lui-   re la clairté: A fin   que ſa voie
En terre   ſe voie, Et que bien à point Et que bië à point Chacun puiſſ entëdre, Chacun
puiſſe entëdre Où c'eſt qu'il faut tëdre Pour ne perir   point.   Chacun

Cont.

L.

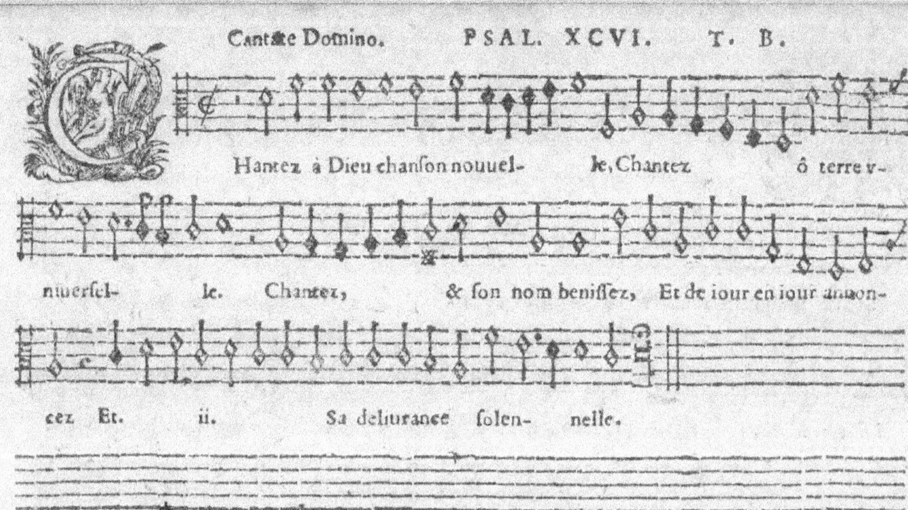

Cantate Domino.   PSAL. XCVI.   T. B.
Hantez à Dieu chanson nouuel-   le, Chantez   ô terre v-
niuersel-   le.   Chantez,   & son nom benissez,   Et de iour en iour annon-
cez Et.   ii.   Sa deliurance solen-   nelle.

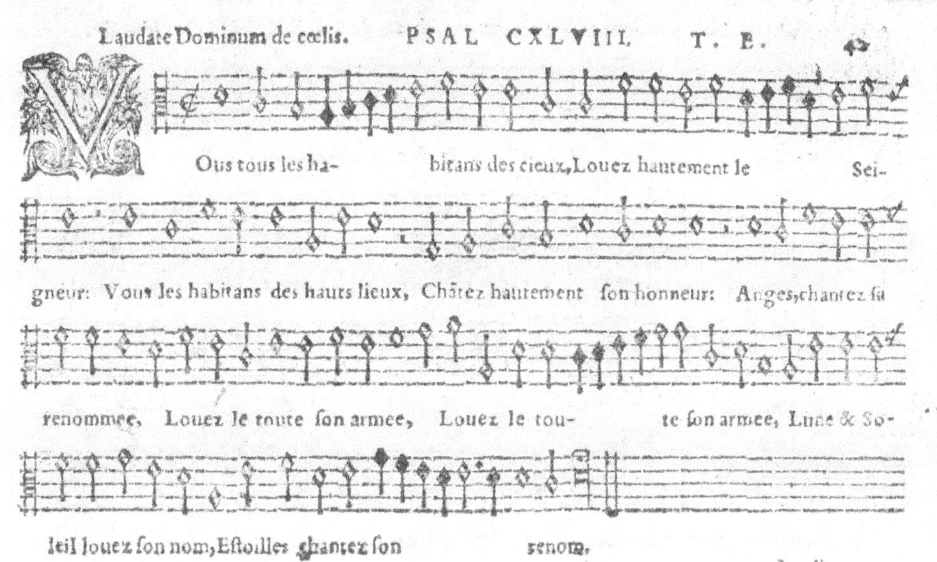
Ous tous les ha- bitans des cieux, Louez hautement le Sei-
gneur: Vous les habitans des hauts lieux, Chãtez hautement son honneur: Anges, chantez sa
renommée, Louez le toute son armee, Louez le tou- te son armee, Lune & So-
leil louez son nom, Estoilles chantez son renom.

L ij

On Dieu preste moi l'aureille Par ta bonté nomparell-
le, Respon moi, car plus n'en puis, car plus n'en puis, Tant poure & affligé suis.   Garde
ie te pri' ma vi-   e, Car de bien   faire ai enui-
e, Mon Dieu garde ton   seruant En l'espoir de toi viuant.

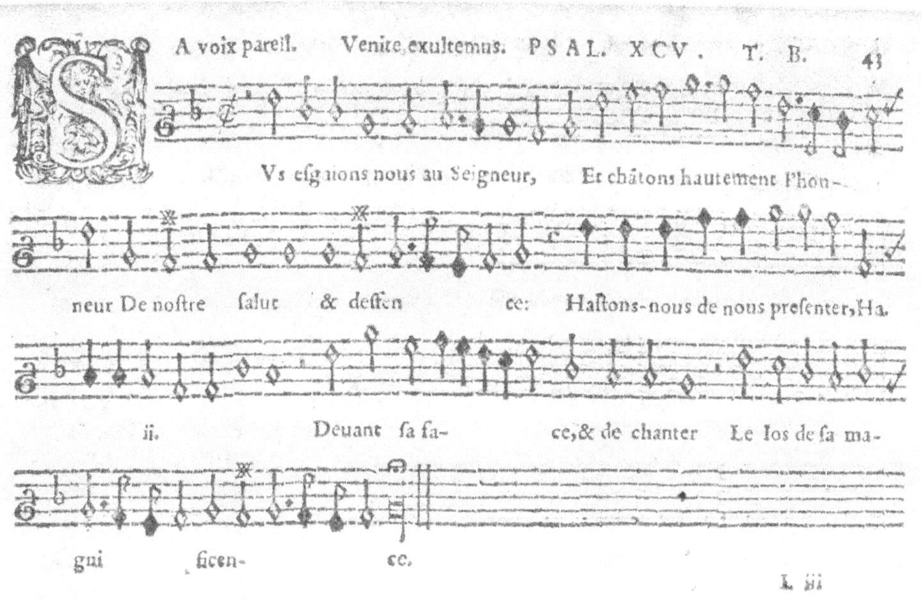
Vs esgaions nous au Seigneur, Et châtons hautement l'hon-
neur De nostre salut & deffen ce: Hastons-nous de nous presenter, Ha.
ii. Deuant sa fa- ce,& de chanter Le los de sa ma-
gui ficen- ce.

L. iii

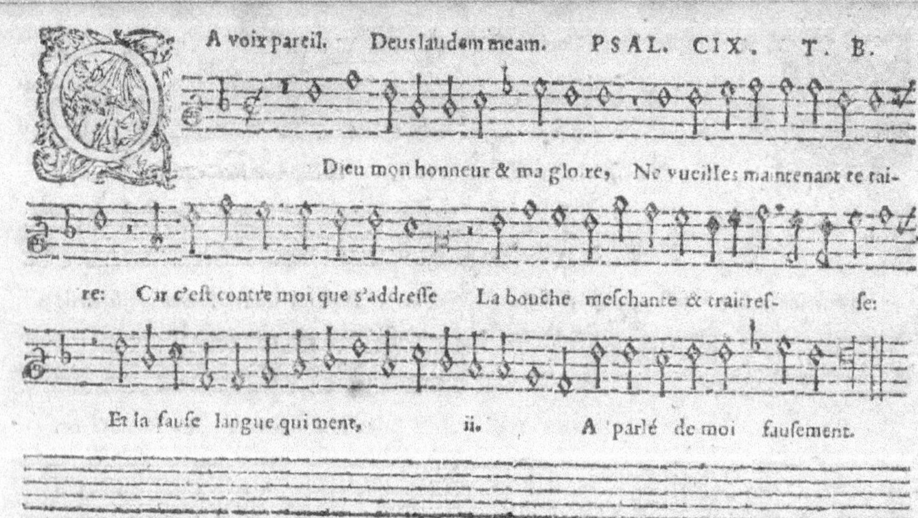
A voix pareil.   Deus laudam meam.   PSAL. CIX.   T. B.
Dieu mon honneur & ma gloire,   Ne vueilles maintenant te tai-
re: Car c'est contre moi que s'addresse   La bouche meschante & traistres-   se:
Et la fause langue qui ment,   ii.   A parlé de moi faussement.

Dieu ie n'ai Dieu fors que toi: Des le matin ie te reclame   ie te reclame.Et
de ta soif ie sens mon ame   Toute pasmee   dedans moi:Tou.   ii.   Les
poures sens d'humeur tous vui-   des   De mon corps mat & alte-
ré,Tousiours, Seigneur,   s'ont desiré   En ces lieux desers & arides, & arides.

A voix pareil.   Voce mea ad Dominum.   PSAL. CXLII.   T. B.
Ai de ma voix à Dieu crié, J'ai de ma voix mon Dieu pri-   é, J'ai
de ma voix mon Dieu prié,   J'éspans tout mon cœur deuant lui,   Et lui declaré   mon
ennui.

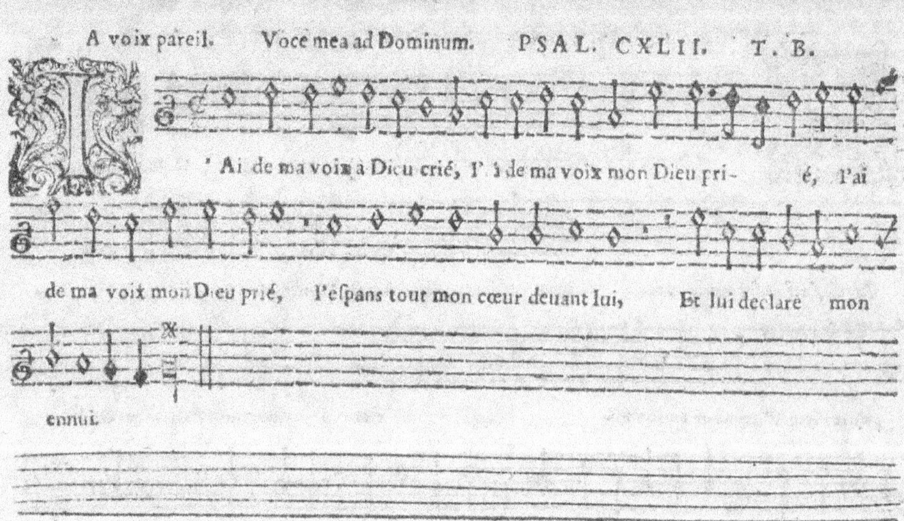

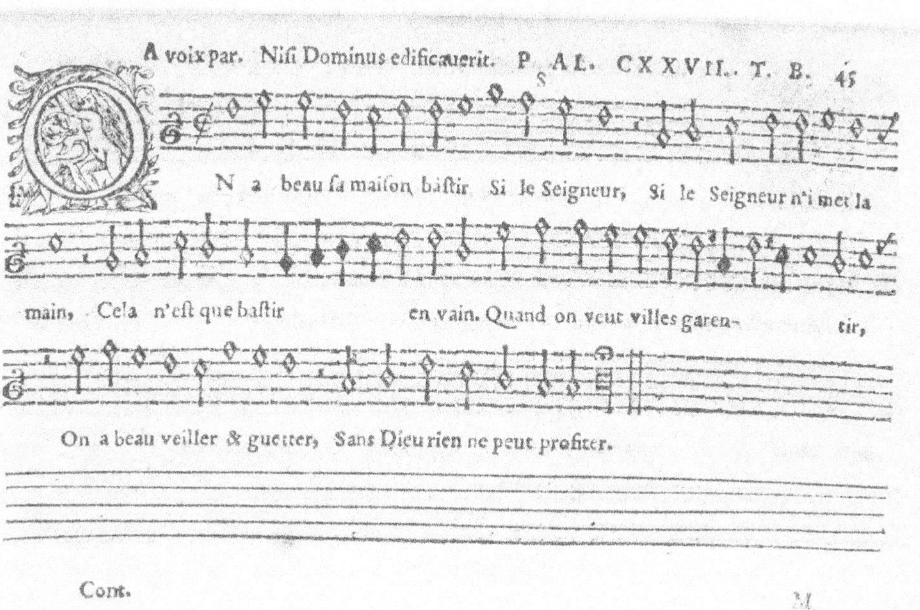
N a beau sa maison bastir, Si le Seigneur, Si le Seigneur n'i met la
main, Cela n'est que bastir en vain. Quand on veut villes garen- tir,
On a beau veiller & guetter, Sans Dieu rien ne peut profiter.

Cont.

M.

A voix par.   Domine probaſti me.   PSAL. CXXXIX.   T. B.
Dieu, tu cognois qui ie ſuis, Tu ſçais tout cela, que   ie
puis, Soit que ſoi' aſsis ou debout, Tu me cognois   de bout en   bout. Et n'ai
nulle choſe conceu-   ë,   Que n'aies de loin apperceuë.

Hantez   à Dieu nouueau canti-   que, Car il a puissamment
ou-   uré,   Et par sa force magnifi-   que Par soi mesme il s'est deli-
uré. Dieu a fait le salut cognois-   tre, Par lequel sommes ga-   rentis,   Et sa iustice fait parois-   tre, En la presence des Gentils.

M ii

On Dieu i'ai en toi esperance,   Donne moi donc saine asseurance
De tant d'ennemis inhumains,   Et fai que ne tõbe en leurs mains: Afin que leur chef
ne me grip-   pe, Et ne me des-   rompe & dissi-   pe Ainsi qu'vn lion deuo-   rant, Sans que nul   me soit secourant, secourant.

On Dieu me paist sous sa puissance haute, C'est mon bergier, de rien
ie n'aurai fau- te, En tout bien seur ioignant les beaux herbages Cou-
cher me fait, me meine aux clairs riuages: Traite ma vie en dou- ceur tres-
humai- ne, Et pour son nom par droits sentiers me meine.

Dieu, qui es ma forteresse, C'est à toi que mon cri s'adres-
se: Ne vueilles au besoin te tai-   re,   Autrement   ie ne sçai que faire, Sinon à ceux   me comparer Qu'on veut au sepulchre enterrer.

Pres auoir constammēt attendu De l'Eternel la volon-
té, Il s'est tourné de mō costé, Et a mon cri au besoin entendu. Hors de fan-
ge & d'ordure Et profondeur obscu- re D'vn gouffre m'a tiré: A
mes pieds affermis A.   ii.   Et au chemin remis Sus vn roc, Sus vn roc asseuré.

Exaudi Deus deprecationem.   PSAL. LXI.   T. B.

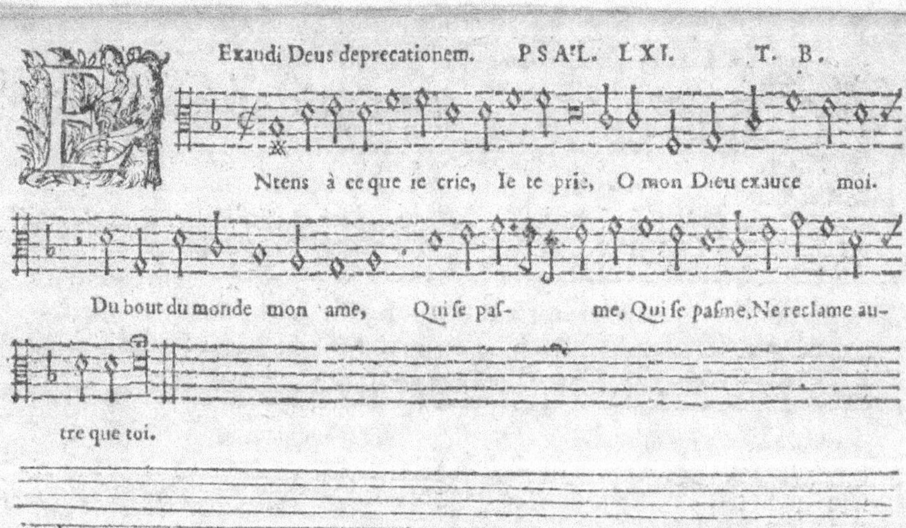
Ntens à ce que ie crie, Ie te prie, O mon Dieu exauce moi.
Du bout du monde mon ame, Qui se paf- me, Qui se pafme, Ne reclame au-
tre que toi.

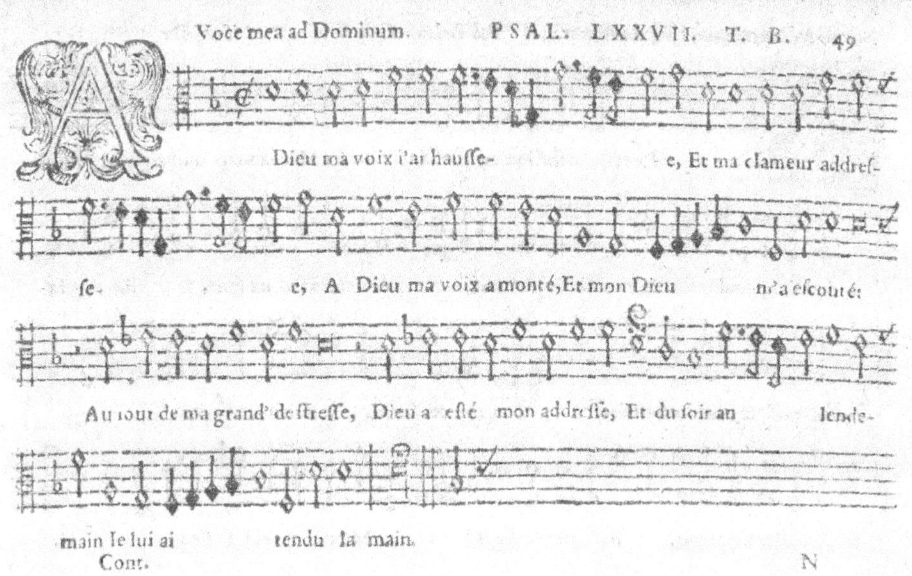

Dieu ma voix i'ai hausse-   e, Et ma clameur addres-
se-   e, A Dieu ma voix a monté, Et mon Dieu   n'a escouté:
Au tour de ma grand' destresse, Dieu a esté mon addresse, Et du soir an   lende-
main le lui ai   tendu la main.

Cont.   N

Ad Dominum, cùm tribularer.   PSAL. CXX.   T. B.

Lors qu'affliction me pref-   se, Ma clameur au Seigneur i'adref-
se: Car quand   ie vien à le femon-   dre, Iamais ne faut,   ii,   Iamais ne faut à me respondre.   Contre ces leures tant flateu-
ses, Vueilles Seigneur,   ii.   par ta bonté   Mettre ma vie à sauue-   té.

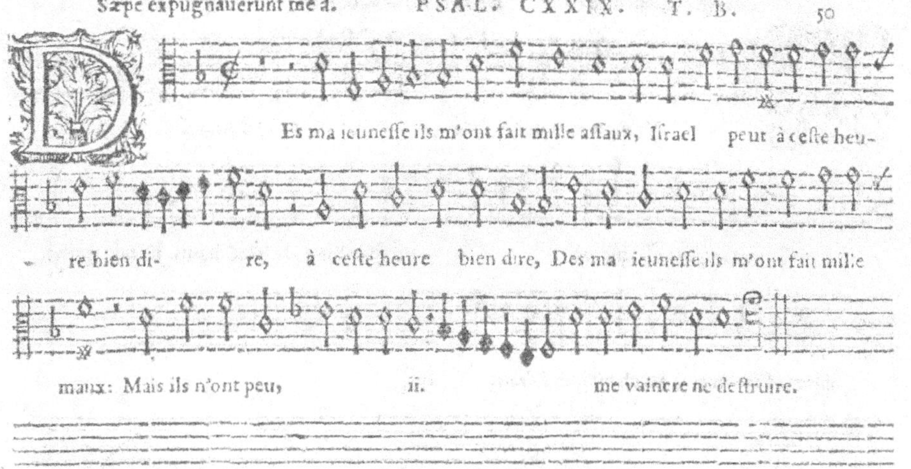
Es ma ieunesse ils m'ont fait mille assaux, Israel   peut à ceste heu-
re bien di-   re,   à ceste heure   bien dire, Des ma ieunesse ils m'ont fait mille
maux: Mais ils n'ont peu,   ii.   me vaincre ne destruire.

N ä

Vs mon ame, qu'on beni-　　e Le Souuerain: car il faut
Tant que durera ma vi-　　e Que ie loue le Tref-haut, Et tant que ie
durerai Pſeaumes ie lui chanterai. Pſeau.　　ii.

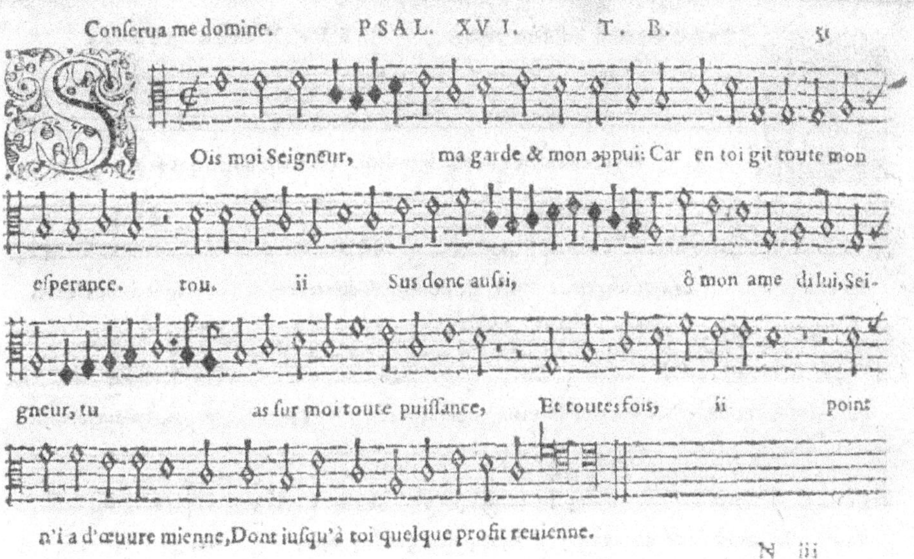
Ois moi Seigneur,   ma garde & mon appui: Car en toi git toute mon
esperance.   tou.   ii   Sus donc aussi,   ô mon ame di lui, Seigneur, tu   as sur moi toute puissance,   Et toutesfois,   ii   point
n'i a d'œuure mienne, Dont iusqu'à toi quelque profit reuienne.

Eigneur, enten à mon bon droict, Enten, helas, ce que ie crie: Vueil-
les ouir ce que ie prie, Er de bouche & de cœur tout droit. De toi,
qui cognois toute cho- se, Ie veux iugement re- ceuoir. Ie te pri' toi-mesmes de
voir Le droict de ce que ie propose, que ie propo- se.

Eigneur, garde mon droit: Car i'ai en cet endroit Cheminé
droit & rondement. I'ai en Dieu esperan-
ce, Qui me donne asseurance, Qui. ii. Que choir ne pourrai nullement.

'Ai mis en toi mon esperance: Garde moi donc,   Seigneur, Gar-
ii.   D'eternel deshonneur: Ottroie   moi ma deliurance,   Par
sa grand' bonté haute,   Qui iamais ne fit faute. Qui.   ii.

'Ay dit en moi, de pres ie viserai A tout ce-
la que ie ferai, Pour ne parler vn seul mot de trauers En voiant debout
Ie peruers, En. ii. Voire d'eusse-ie, à fin de ne parler, Ma propre
bouche emmuseler.
Cont.

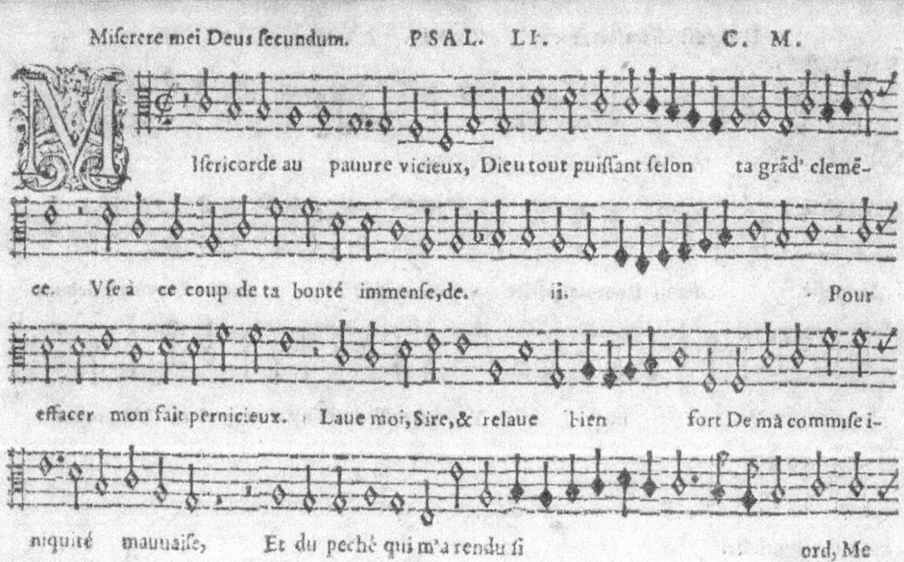
Misericorde au pauure vicieux, Dieu tout puissant selon ta grãd' clemē-
ce. Vse à ce coup de ta bonté immense, de.   ij.   Pour
effacer mon fait pernicieux. Laue moi, Sire, & relaue bien fort De mã commise i-
niquité mauuaise, Et du peché qui m'a rendu si   ord, Me

nettoier
Me nettoier d'eau de grace te plai-　　　se.
Xauce, ô mon Dieu, ma prie-　　　　re, Ne te recule point ar-
rie-　　　　re De l'oraison que te presente: Entens à moi, exau-　　　　ce)
moi, Tâdis qu'en priant deuãt toi, Ie me complains & me tourmeis-　　　se.

O ii

Saluum me fac Deus.   PSAL. LXIX.   T. B.

Elas Seigneur, ie te pri' sauue moi: Car les eaux m'ont   ii.   saisi ius-
ques à l'ame, Et au bourbier   tresprofond & infa-   me, Sãs fons ne riue en-
fondré ie me voi: Ainsi plõgé l'eau m'emporte,   tãt las De m'escrier, que i'en ai gorge sei   che:
Et de mon Dieu   attẽdant le soulas, De mes deux yeux la vigueur   se desseiche.

Dieu, où mon espoir j'ai mis, Vié soudain à ma delivrance,
Seigneur, què ton aide s'auan- ce Encontre tous mes en-
nemis, Quiconque pourchasse mon a- me, Soit rempli de honte & d'esmoi: Quiconques, di- ie, en veut à moi, Tourne en arriere tout infa- me.

O iij

'Ai mis en toi mon esperance, Garde moi donc Seigneur, D'eternel
deshonneur: D'et. ii, Ottroie moi ma deliuran- ce Par ta misericorde. Et ton secours m'accorde, Et. ii.

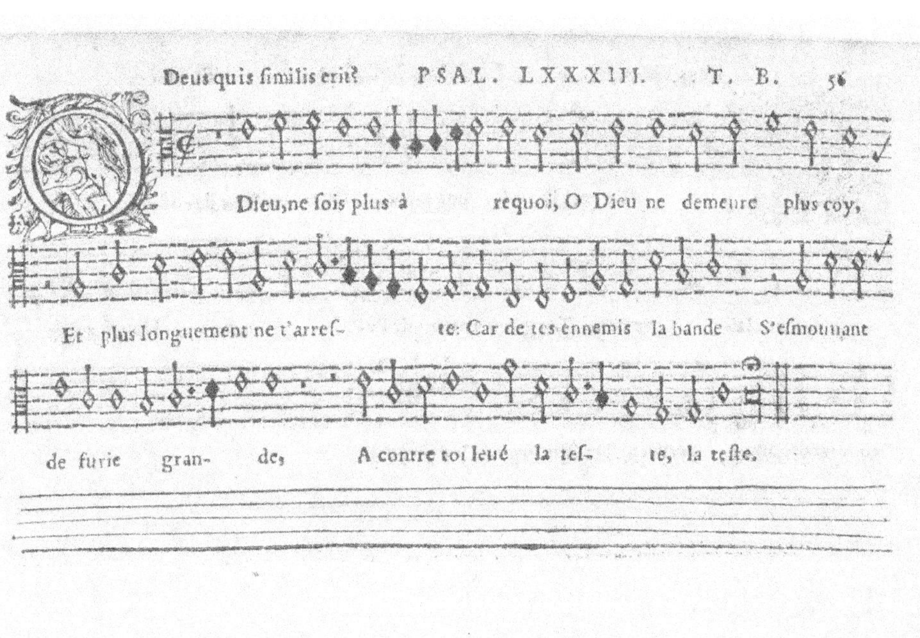
Dieu, ne sois plus à requoi, O Dieu ne demeure plus coy,
Et plus longuement ne t'arres- te: Car de tes ennemis la bande S'esmouuant
de furie gran- des, A contre toi leué la tes- te, la teste.

Deus vltionum.   PSAL. XCIIII.   T. B.
Eternel Dieu des vengeances, O Dieu puniſſeur des offenſes,   Fai
toi conoiſtre clai-   rement, Toi gouuerneur de l'v-   niuers,   Hauſſe toi
pour rendre aux   peruers, De leur orgueil le paiement.

Ous tous qui la terre habitez, Chantez tout haut   à Dieu, chantez, Ser-
uez à Dieu ioieu-   fement,   Venez   deuant lui gaiement.   Venez de-

Cont.   P

Eigneur, enten ma reques-   te, Rien n'empesche ni n'arreste Mon
cri d'aller iusqu'à toi: Ne te cache point de moi.   En ma douleur nompareille,   Tourne vers moi ton aureil-   le: Et pour m'ouir quâd ie crie, Auance toi, A-
uance toi, ie te prie.

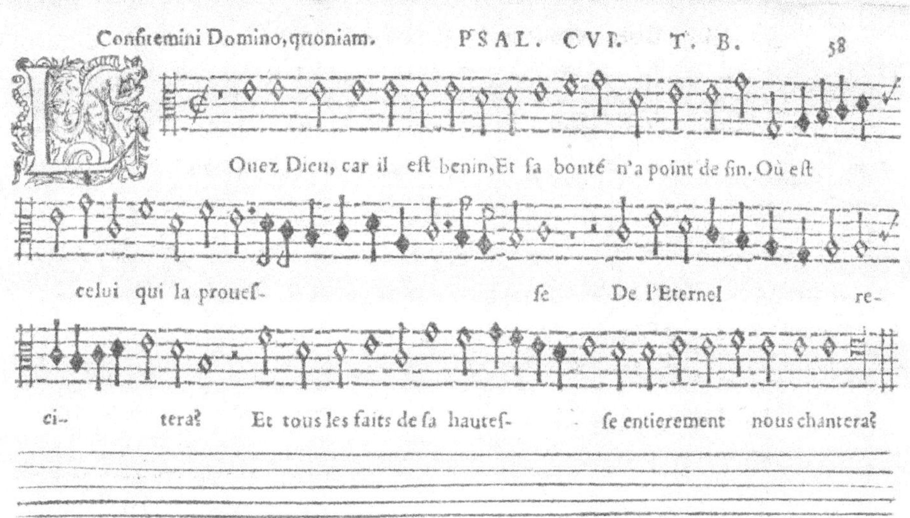
Ouez Dieu, car il est benin, Et sa bonté n'a point de fin. Où est
celui qui la prouef-   se   De l'Eternel   re-
ci-   tera?   Et tous les faits de sa hautef-   se entierement   nous chantera?

P ii

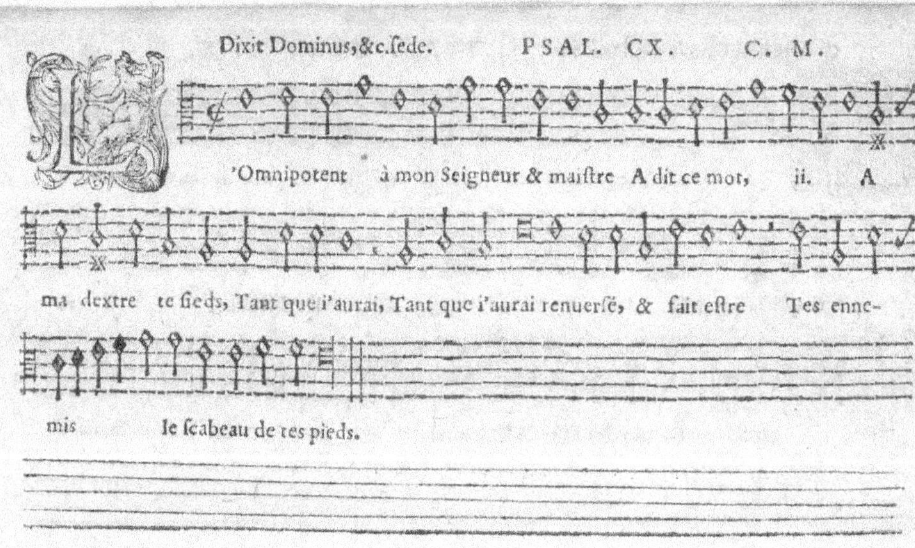
'Omnipotent à mon Seigneur & maiftre A dit ce mot, ij. A
ma dextre te fieds, Tant que i'aurai, Tant que i'aurai renuerfé, & fait eftre Tes ennemis le fcabeau de tes pieds.

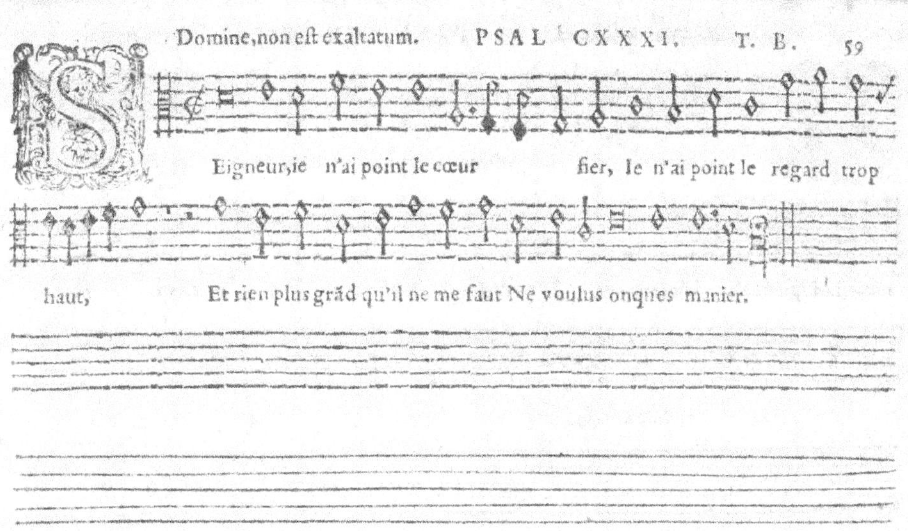
Eigneur, ie n'ai point le cœur fier, Ie n'ai point le regard trop
haut, Et rien plus grãd qu'il ne me faut Ne voulus onques manier.

Veilles, Seigneur,   estre recors   De Dauid & de son tour-
ment, Lui qui à Dieu a fait serment,   Dieu de Iacob le fort des forts,   Dieu.   ii.
Et fait vœu solennellement.

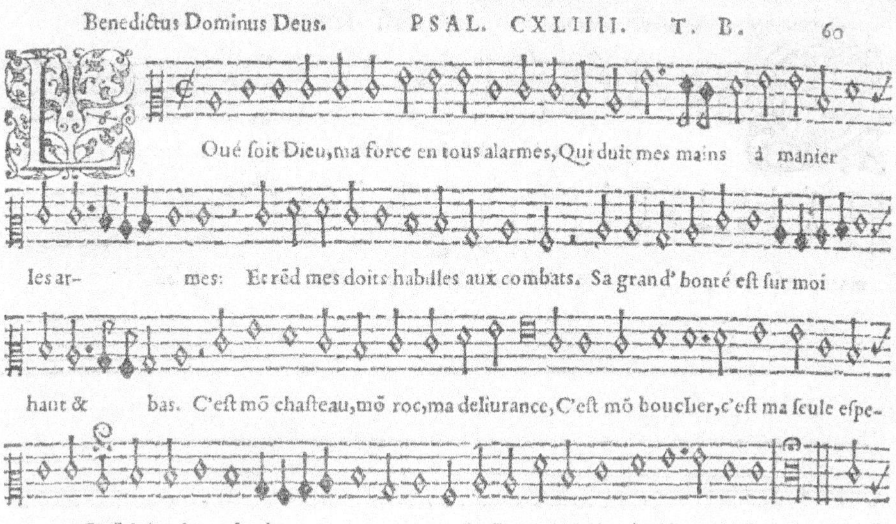
Oué soit Dieu, ma force en tous alarmes, Qui duit mes mains　à manier
les ar-　　mes:　Et rēd mes doits habilles aux combats. Sa grand' bonté est sur moi
haut &　　bas. C'est mō chasteau, mō roc, ma deliurance, C'est mō boucler, c'est ma seule esperance. C'est lui qui a malgré　　tous ennemis, Ce peuple mien à mō vouloir soumis.

Seigneur, à toi ie m'escrie,   Plaise toi donques te haster, Et vueilles
ma voix es-   couter: Car c'est toi qu'en criant ie prie,   ie   prie.

Ouez Dieu, car c'est chose bon-   ne Qu'à nostre Dieu louan-
ge on don-   ne,   C'est di-ie vne chose plaisante   De le louer, De
le louer, & bien seante: Puis que c'est lui qui de sa grace Sa Ierusalem   a bastie,   Il
couuient auf i qu'il ramasse,   Sa gent çà & la departi-   e.
Cont.

Es cieux   en chacũ lieu La puiſſance de Dieu Racõtẽt aux hu mains Ce grãd en-
tour   eſpars Publie en toutes parts,en. ii   L'ouurage de ſes   mains,Iour apres iour
coulant   Du Seigneur va   parlant,Par longue experience.   ii.
La nuict ſuiuant la   nuit No²preſche & nous   inſtruit De ſa grand' ſapien-   ce.

E Seigneur est la clarté qui m'adresse, Et mõ salut, que doi-   ie redou-
ter? Le Seigneur est   l'appui qui me redresse, Où est celui   ii.   qui peut   m'espouuã-
ter? Quand les malins m'ont dressé leurs combats, Pour me cuider manger à belles dents, Tous ces haineux, ces en-   nemis mordés,   I'ai veu brõcher & trebucher   en bas.

Miserere mei Deus, miserere .   PSAL. LVII.   T. B.

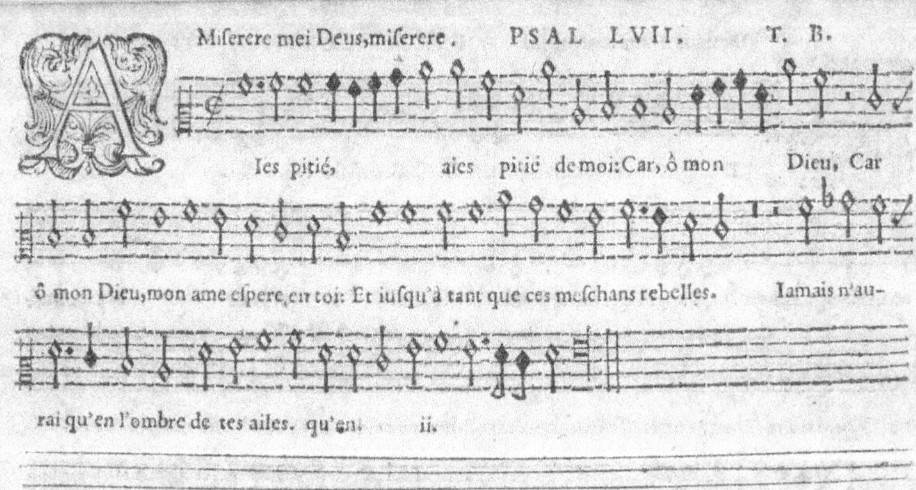

Es qu'aduerſité nous offenſe,   Dieu nous eſt appui   & deffen-
ſe: Au beſoin l'auons eſprouué,   Et grand ſecours en lui trou-
ué. Dõt plus n'aurons crainte   ne doute, Et deut trẽbler la
ter-   re toute, Et les montagnes a-   biſmer Au milieu de la haute   mer.

Q iii

Deus venerunt gentes.   PSAL. LXXIX.   C. M.

Es gens entrez sont en   ton herita-   ge,

Ils ont pollu, Seigneur, par leur outrage, Ton temple saint, Ierusalem destruite,   Si

qu'en monceaux   de pierres l'ont redui-   te. Ils ont baillé les corps De

tes scruteurs morts, Aux corbeaux pour les pais-   tre: La chair des bien-vivans   Aux a-

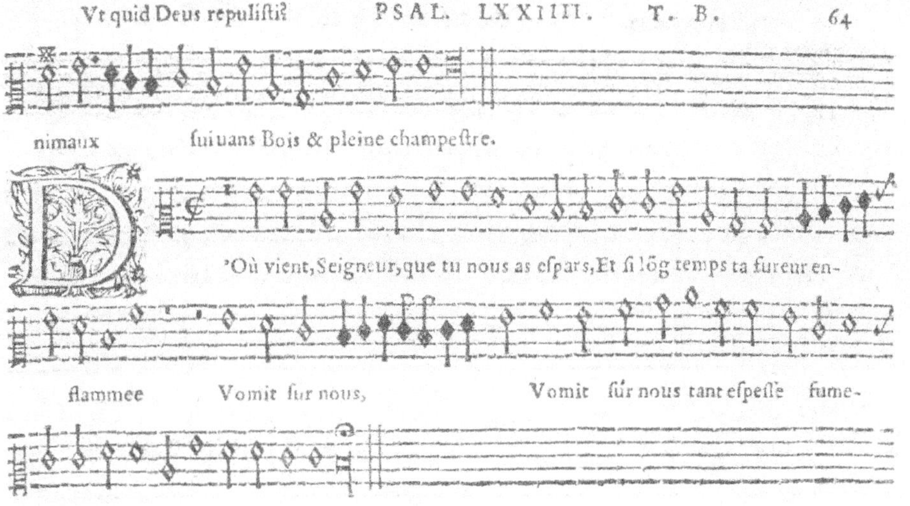
nimaux   suiuans Bois & pleine champestre.
'Où vient, Seigneur, que tu nous as espars, Et si lõg temps ta fureur en-
flammee   Vomit sur nous,   Vomit sur nous tant espesse fume-
e, Voire sur nous les brebis de tes parcs.

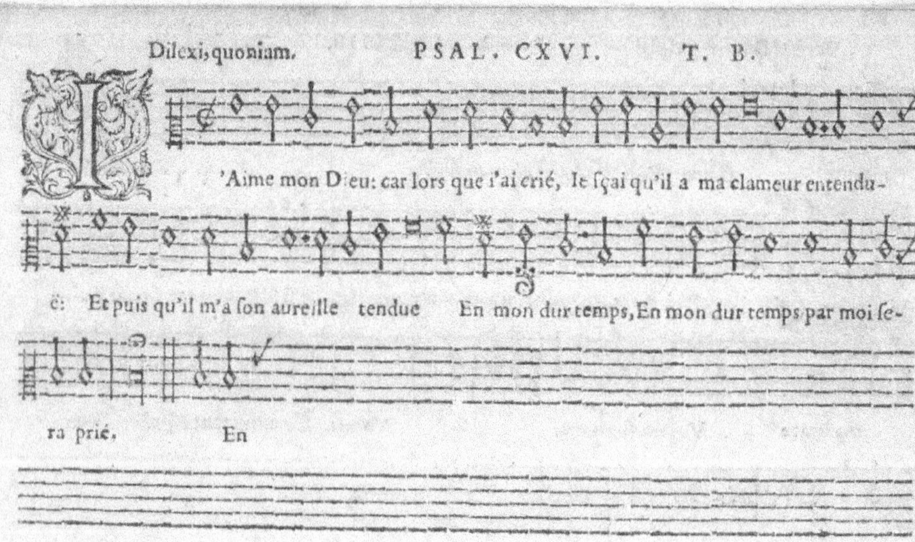

'Aime mon Dieu: car lors que i'ai crié, Ie sçai qu'il a ma clameur entendu-
ë: Et puis qu'il m'a son aureille tendue En mon dur temps, En mon dur temps par moi sera prié,   En

Ieu est assis en l'assemblee   Des Princes, qu'il a assemble-
e, Et des plus grands   est au milieu,   Pour y presider comme Dieu   Iusques
à quãd? Iusques à quand iuges iniques,   Ferez-vous iugemens obliques? Et vers ces meschans
deceueurs Vserez-vous   de voz faueurs?
Cont.

R.

In conuertendo Dominus.   PSAL. CXXVI.   T. B.
Lors que de captiuité   Dieu mit Sion en liber-
té, Aduis nous estoit proprement,   Que nous songions,   ii.   tant seulement. Bouches & langues à suffire,   Auoient dequoi chanter & rire.   Chacun di-
soit, voiant ceci,   Dieu fait merueilles à ceux.   ci.

On Dieu mo Roi, haut je t'esle-   nerai, Et tõ saint nõ sans fin ie chã te-
rai. Ie veux'tõ los chacũ iour pu-   blier, Et pour iamais ton nom glori-   fier. Le Seigneur
est   Le Seigneur est tresgrand & ad-   mirable, Et sa grandeur n'est à nous cõprenable: De
pere en fils ses faits on ma-   gnifi-   e, Et sa puissance entre iceux se publi-   e.

R   ii

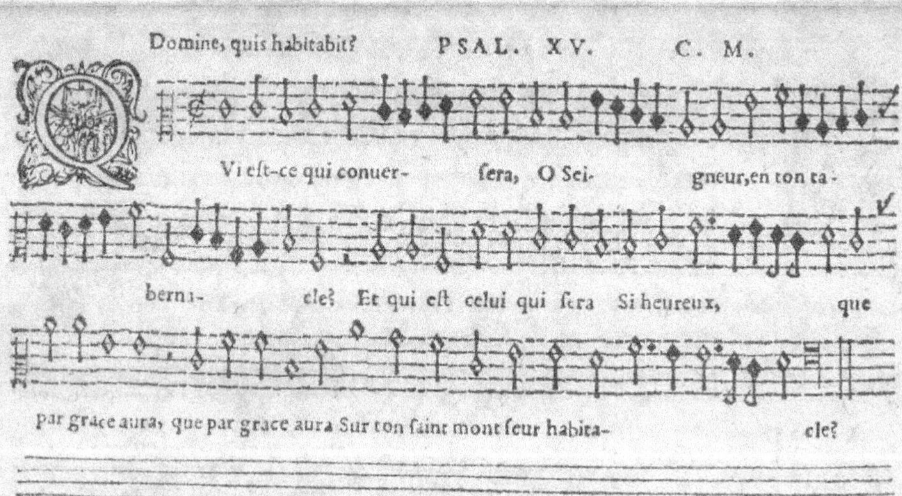
Vi est-ce qui conuer-   sera,   O Sei-   gneur, en ton ta-
berni-   cle? Et qui est celui qui sera   Si heureux,   que
par grace aura, que par grace aura Sur ton saint mont seur habita-   cle?

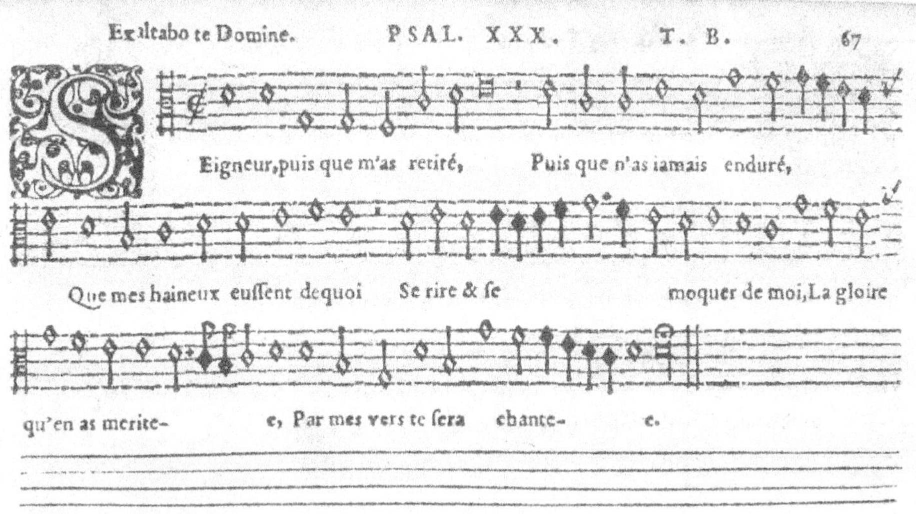
Eigneur, puis que m'as retité,   Puis que n'as iamais enduré,
Que mes haineux euffent dequoi   Se rire & fe   moquer de moi, La gloire
qu'en as merite-   e, Par mes vers te fera chante-   e.

Si verè vtique iustitiam.   PSAL. LVIII   T.B.

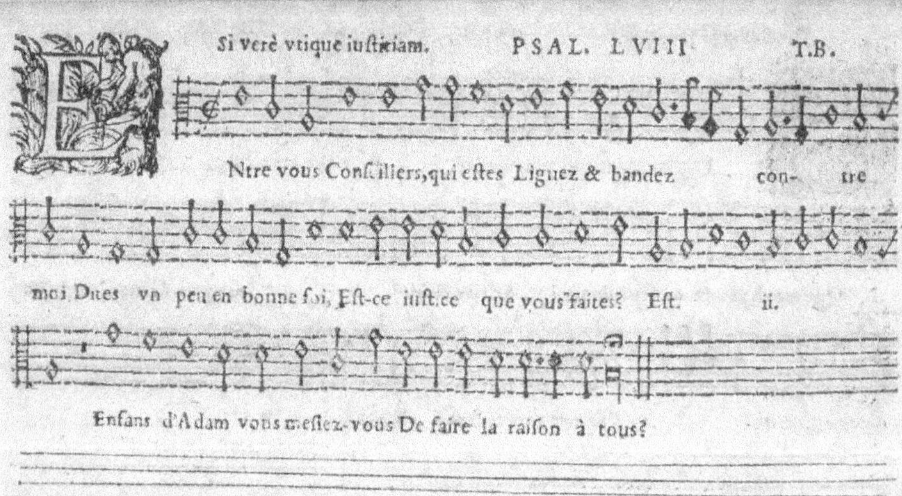
Ntre vous Conseilliers, qui estes Liguez & bandez   con   tre
moi Dites vn peu en bonne foi, Est-ce iustice que vous faites? Est.   ii.
Enfans d'Adam vous meslez-vous De faire la raison à tous?

R auons nous de nos aureilles, Seigneur, entendu tes merueil-
les. Raconter à nos peres vieux, Faites ia lis & deuant eux. Ta main a les peuples chaf-
sez, a les peuples chassez   Plantant nos peres en leur place: Tu as les peuples oppressez,
Y faisant germer nostre race.

'Est en Iudee   proprement Que Dieu s'est acquis vn renom: C'est en
Israël   voirement   Qu'on voit la for-   ce de son nom: En Salem est son
taberna-   cle,En Sion   son saint habita-   cle.

Hantez gaiement A Dieu nostre for-　　ce: Que tout hautement,　　ij
Au Dieu d'Israël Chant perpe-　　tuel, Chant perpetuel Chanter on s'efforce.

Cont.

S

Vec les tiens, Seigneur, tu as fait   paix, Et de Iacob les prisonniers
las-   chez. Tu as quitté à ta gent ses meffaits,   Voire tu as couvert tous ses pechez: Tu as loin d'eux   ii   ton despit re-   tiré,   Et ton courroux violent mode-
ré. O Dieu, en qui   git le salut de nous, Restabli nous,   ii,   appaisant ton courroux.

Ieu pour fonder　son tresseur habita-　cle, Es mons sacrez a
prins affection,　　Et mieux aimé　les　portes de Sion,　　Que de Iacob,　ii.
onques nul tabernacle.

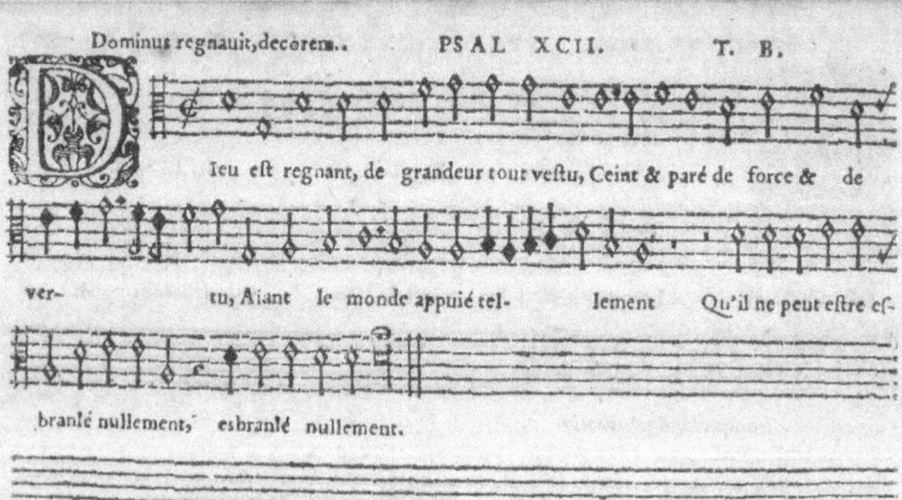
Ieu est regnant, de grandeur tout vestu, Ceint & paré de force & de
ver- tu, Aiant le monde appuié tel- lement Qu'il ne peut estre esbranlé nullement, esbranlé nullement.

Vs louez Dieu, mon ame en toute cho- se, Et tout cela qui dedans
moi re- po- se, Louez son nom tressaint & accom- pli: Presente à
Dieu louanges & seruices, O toi mon a- me, & tant de b.nefi-
ces, Qu'en as receu, ne les mets en oubli.　　&c.　　ii.

S iij

Laudate pueri Dominum,   PSAL. CXIII.   C. M.

Nfans, qui le Seigneur seruez, Louez-le & son nom esleuez: Louez son
nom, Louez son nom & sa hautes-   se: Soit presché, soit fait solennel Le nom du
Seigneur eternel,   Partout en ce temps & sans cesse.

Outes gens louez le Seigneur, Tous peuples chantez son honneur: Car son
vouloir benin &   doux Est multiplié   dessus nous: Et sa tres-fer-   me
verité   Demeure à perpetui-   té.   ii.   Et sa tres-
ferme verité   Demeure à perpetui-   té.   ii.

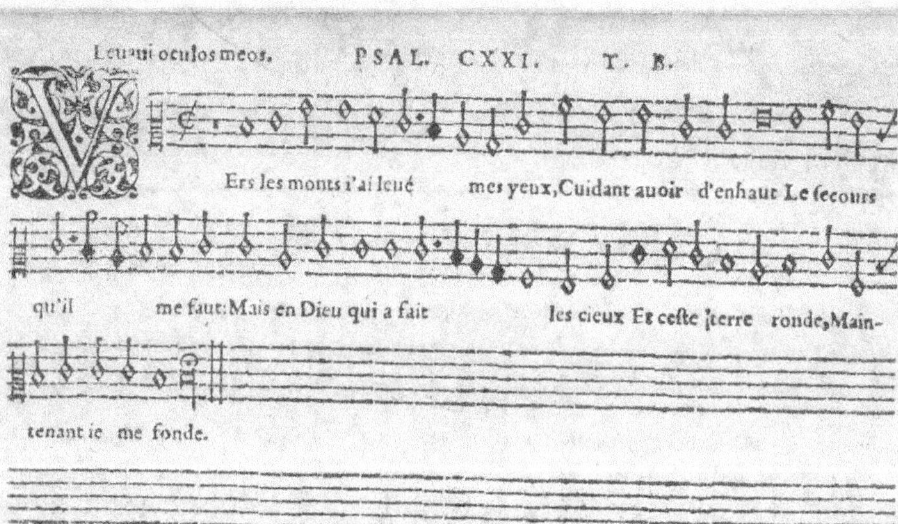
Ers les monts i'ai leué   mes yeux, Cuidant auoir d'enhaut Le secours
qu'il   me faut: Mais en Dieu qui a fait   les cieux Et ceste iterre ronde, Maintenant ie me fonde.

Ouez Dieu tout hautement,   Car il est doux &   clement:Et sa
grand' benignité   Et.   ii.   Dure à perpetuité.

Cont.   T

Stans assis aux riues aquatiques De Babylon, plorions me-
lancholi- ques, Nous souuenans du pays de Si- on: Et
au milieu de l'habitation, Où de regrets tant de pleurs es- pandis- mes,
Aux saules verds nos harpes nous pendis- mes.

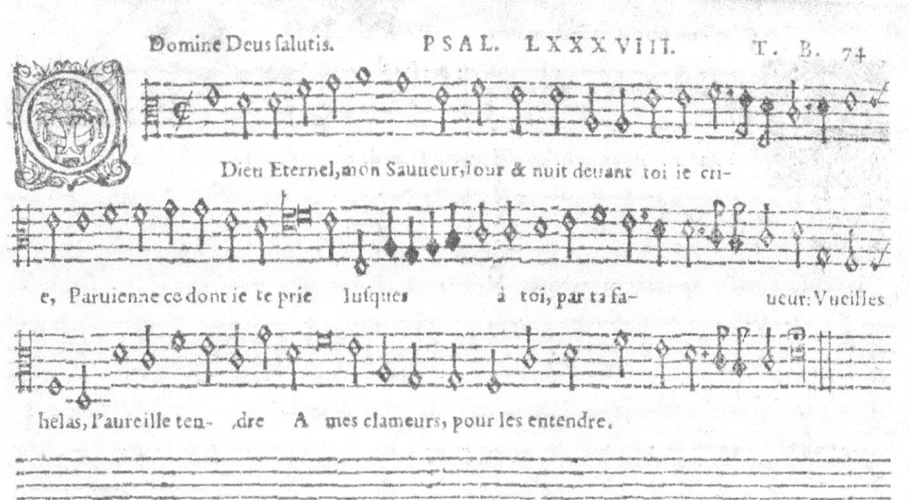
Dieu Eternel, mon Sauueur, iour & nuit deuant toi ie cri-
e, Paruienne ce dont ie te prie   Iusques   à toi, par ta fa-   ueur: Vueilles
helas, l'aureille ten-   dre   A mes clameurs, pour les entendre.

Vand ie t'inuoque helas escoute, O Dieu de ma cause & raison: Mõ cœur serré
au large boute, De ta pitié ne me reboute, Mais exauce mon oraison, mon orai-   son. Iusques à quãd gens inhumaines, gens inhumaines, Ma gloire abatre tas-   cherez? Iusques à
quand emprises vai   nes, Sans fruit & d'abusion pleines   Aimerez vous ii.   & cercherez

E vueilles pas, ô Sire,　Me reprendre en ton i-
re, Moi qui t'ai　ir-　rité: N'en ta fureur terrible　Me punir de l'horrible, Me
ii.　Tourment qu'ai me-　rité.

E t'aimerai en toute obeissance   Tant que viurai, ô mon Dieu,ma
puissan-   ce: Dieu c'est   (mon roc, mon rempart haut & seur, C'est ma
rançon, c'est mon fort defenseur.
N luiseul git ma fiance   parfaite: C'est mon pauois, mes armes, ma

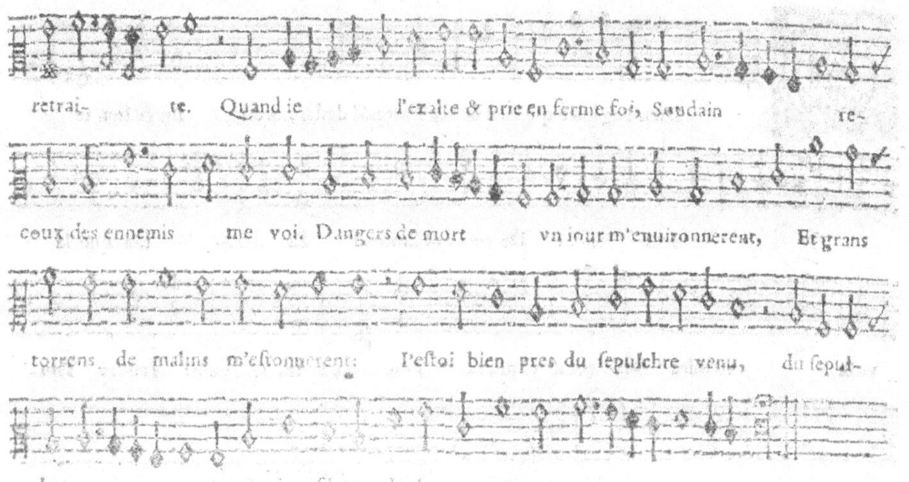
retrai- te. Quand ie l'exalte & prie en ferme foi, Soudain re-
ceux des ennemis me voi. Dangers de mort vn iour m'enuironnerent, Et grans
torrens de malins m'estonnerent: I'estoi bien pres du sepulchre venu, du sepulchre ve- nu, Et des filets de la mort preuenu.

Dieu la gloire qui t'est deuë, T'attend dedans Sion: En ce lieu te
fera   renduë De vœus oblation: Et d'au-   tant que la
voix   entendre Des tiens il te plaira,   Tout droit à toi se venir   rendre Toutes gens on verra. Tout.   ii.   Tout

As, en ta fureur aigue,   Ne   m'argue   De mon fait,
Dieu tout puissant: N'en ton ire   ii.   Ne me punis languis-   sant.

Cont.   V

Mon Dieu, mon Dieu, pourquoi m'as tu laissé Loin de secours, d'ennui tât oppres-
sé, Et loin du cri que ie t'ai addressé En ma complainte? En   ii.   De
iour mon Dieu, ie t'inuoque sans feinte, Et toutesfois ne respond ta voix sainte,
De nuit aus-   si & n'ai dequoi esteinte Soit ma cla-   meur.   ii.

Es augemens Dieu veritable,　Baille au Roi pour re-
gner: Vueilles ta iustice equita-　ble Au fils du Roi don-
ner.　Il tiendra ton peuple en iustice, Chassant iniquité, Chassant iniquité
A tes poures sera propice,　Leur gardara equité.

V ii

Ego sum Dominus Deus.   Exode. XX.   C. M.

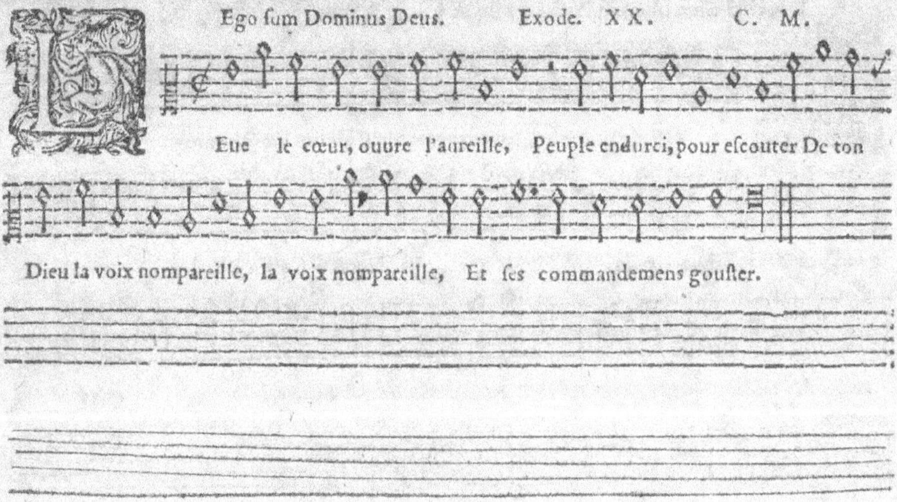

Eue le cœur, ouure l'aureille, Peuple endurci, pour escouter De ton

Dieu la voix nompareille, la voix nompareille, Et ses commandemens gouster.

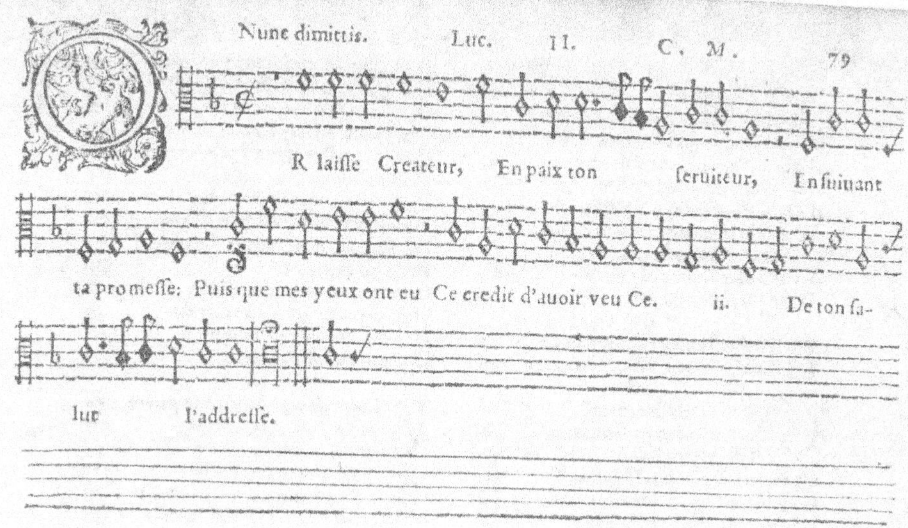
R laisse Createur,   En paix ton   seruiteur,   En suiuant
ta promesse: Puisque mes yeux ont eu Ce credit d'auoir veu Ce. ij. De ton salut l'addresse.

TABLE.

A

AVx paroles Fueil.	22
A toi, mon Dieu, mon cœur	12
Apres auoir constamment	48
Ainsi qu'on oit le cerf bruire	13
Aies pitié, aies pitié de moi	62
A Dieu ma voix i'ai haussee	49
Auec les tiens, Seigneur, tu as fait	69
Alors qu'affliction me presse	49
A toi, ô Dieu, qui es la haut	20
Alors que de captiuité	65

B

BIen heureuse est la personne	19
Bien heureux est quiconques	39

C

C'Est en sa tressainte cité	30
C'est en Iudee proprement	68
Chantez gaiement	63
Chantez à Dieu chanson nou.	36
Chantez à Dieu nouueau canti.	46
Chantez de Dieu le renom	9
Chantez à Dieu chanson nouuelle	45

D

DE tout mon cœur t'exalterai	24
Donne secours, Seigneur,	25
Deba contre mes debateurs	12

Du malin le meschant vouloir	4
Dés qu'aduersité nous offense	63
Di moi mal heureux qui te fies	6
D'où vient cela, Seigneur, ie te	23
Dieu nous soit doux & fauorable	41
D'où vient, Seigneur, que tu	64
Dieu est assis en l'assemblee	65
Dieu, pour fonder son tressaint	70
Du Seigneur les bontez sans fin	17
Dieu est regnant	70
Donnez au Seigneur gloire	37
Du Seigneur Dieu en tous en.	39
Dés ma ieunesse ils m'ont fait	50
Du fons de ma pensee	4?

E

EXauce, ô mon Dieu, ma priere	54
Entre vous conseillers	67
Enten à ce que ie crie	48
Enten à ce que ie veux dire	32
Enfans qui le Seigneur seruez	71
Estans assis aux riues aquatiques	74

H

HElas! Seigneur, ie te pri'	53

I

IVsques à quand as establi	25
Ie t'aimerai en toute obeis.	75

I'ai mis en toi mon esperance   52
Iamais ne cesserai   28
I'ai dit en moi, De pres ie   53
I'ai mis en toi mon esperance   55
I'aime mon Dieu: car lors que   64
Incontinent que i'eu oui   8
Il faut que de tous mes esprits   10
I'ai de ma voix à Dieu crié   44

L

Le fol malin en son cœur dit   26
Les cieux en chacun lieu   61
La terre au Seigneur apartient   27
Le Seigneur est la clarté qui m'a   62
Las! en ta fureur aigue   77
Le Dieu le fort, l'Eternel parlera   30
Le fol malin en son cœur dit   31
Les gens entrez sont en ton   63
L'eternel est regnant   7
Louez Dieu: car il est benin   58
L'Omnipotent à mon Seigneur   58
Louez Dieu tout hautement   73
Louez Dieu, car c'est chose   61
Loué soit Dieu ma force   60
Le Seigneur ta priere entende   26

M

Mon Dieu, i'ai en toi es.   46
Mon Dieu, mon Dieu pour.   70
Mon Dieu me paist sous sa   47
Misericorde au poure vicieux   53
Misericorde à moi poure affligé   15

Mon Dieu, l'ennemi m'environne   31
Mon ame en Dieu tant seulement   32
Mon Dieu, preste moi l'aureille   42
Mon cœur est dispos, ô mon Dieu   18
Mon dieu, mon Roi, haut ie t'e.   66

N

Ne vueilles pas, ô Sire   75
Ne sois fasché si durant ceste   28
Non point à nous, non point   38

O

O Seigneur que de gens   11
O nostre Dieu, & Seigneur   23
O bien-heureux celui dont les   3
O bien-heureux qui iuge sage.   29
Or avons nous de nos aureilles   66
Or sus tous humains   5
O Dieu tout-puissant sauve moi   14
O Dieu qui nous as deboutez   15
O Dieu, ie n'ai Dieu fors que toi   44
O Dieu, la gloire qui t'est deue   76
Or sus louez Dieu tout le monde   16
O Dieu, où mon espoir i'ai mis   55
O Seigneur, loué sera   7
O Pasteur d'Israel, escoute   33
O Dieu, ne sois plus à recoi   56
O Dieu des armees comb'en   16
O Dieu Eternel mon sauveur   74
O que c'est chose belle   33
O Eternel, Dieu des vengeances   56
Or est maintenant l'Eternel regn.   17

O Dieu, mon honneur & ma 43
O bien-heureuse la personne 36
Or peut bien dire Israel mainte. 20
On a beau sa maison bastir 45
O combien est plaisant & sou. 9
Or sus seruiteurs du Seigneur 21
O Dieu tu cognois qui ie suis 45
O Dieu donne moi deliurance 21
O Seigneur, a toi ie m'escrie 60
Or soit loué l'Eternel 10
O Dieu qui es ma forteresse 47

P
POurquoi font bruit & s'assem. 22
Propos exquis faut que de 29
Peuples oiez, & l'aureille pre. 14

Q
Vi au conseil des malins 1
Quand ie t'inuoque helas, 74
Qui est-ce qui conuersera 66
Que Dieu te monstre seulement 6
Qui en la garde du haut Dieu 34
Quand Israel hors d'Egypte 37

R
REueillez vous chacun fidele 27
Reuenge moi, pren la 13
Rendez à Dieu louange & 19

S
SOis moi, Seigneur, ma garde 51
Seigneur, enten à mon bon 51

Seigneur, le Roi s'esiouira 5
Seigneur, garde mon droict 12
Seigneur, puis que m'as retiré 67
Si est-ce que Dieu est tresdoux 4
Sois ententif, mon peuple, a ma 33
Sus, esgaions nous au Seigneur 43
Seigneur enten ma requeste 57
Sus louez Dieu, mon ame en 71
Sus, sus, mon ame, il te faut dire 35
Sus, qu'vn chacun de nous sans 8
Seigneur, ie n'ai point le cœur 59
Seigneur Dieu oy l'oraison 40
Sus, mon ame, qu'on benie 50

T
TEs iugemens, Dieu veritable 78
Tu as esté, Seigneur, nostre 34
Toutes gens louez le Seig. 72
Tout homme qui son esperance 38

V
VEn que du tout en Dieu mon 24
Vous tous princes & Seig. 11
Vous tous qui la terre hab. 57
Vers les monts i'ai leué mes yeux 71
Vouloir m'est pris de mettre en 18
Vueilles, Seigneur, estre recors 59
Vous tous les habitans des cieux 42
Leué le cœur, outre l'oreille 78
Or laisse Createur 72

FIN.